大学の授業をデザインする

日本語表現能力を育む授業のアイデア

大島弥生・大場理恵子・岩田夏穂　編

ひつじ書房

はじめに

この本をお使いの方に

1　この本の背景

　「大学生に日本語を教えています」というと、驚かれた時期がありました。しかし、今では、大学の授業（とくに初年次の授業）として日本語の書く・話すなどの表現技能を教えることが、留学生のみならず一般学生に対しても、かなり広まってきました。とはいえ、たいていの大学には日本文学、日本語学や留学生への日本語教育の専門家はいても、一般学生も対象に含んだ日本語の表現技能の教育を専門としている教師は、ほとんどいません。また、この種の科目は少人数かつ必修クラスとなることが多く、さまざまな分野の教師が駆り出され、苦労しているケースも多いようです。

　多くの教師が、不慣れな、しかも自分自身が学生の時には受けたことのない授業を担当している現状があります。それぞれが「今の学生の日本語にはこれが足りない」と思うものを目標にかかげ、「よい文章」と思うものを読ませ、要約や感想を毎回書かせ、それを添削して返却するなど、苦労をしているのではないでしょうか。これらの活動は決して無駄とは考えられませんが、教師の労力のわりには成果が見えてこない状況に陥りがちです。

　このような「空回り」の背景には、教師世代と学生世代の学習スタイルの違いもあるかもしれません。教師世代は学生の頃、発表やレポートのやり方について明示的な指導を受けず、見よう見まねで指導教員や先輩のやり方を盗んで身につけてきたという人が多いのではないでしょうか。かつて大学というところは、学生側が周囲からの期待を汲み取って自ら規範を身につけていくのが当たり前だったといえます。非明示的な規範を模倣によって内化す

るのは有効な学習方法の 1 つですが、それを学部生のクラスに即座に応用するのは無理があります。このような学習スタイルのギャップは日本の大学でのみ起きているのではなく、欧米、豪州などの初年次教育にもこのギャップに対応する試みが多く報告されています(詳しくは、4 章「海外の実践からヒントを得る」参照)。

2　この本の内容

　このように、発表やレポートなどの大学授業での日本語を用いたコミュニケーションにおいて、学部 1 年生や留学生はもとより、あるいは上級生や大学院生であっても、非明示的な規範を学生自ら習得することは、今はほとんど期待できない状況であるといえます。しかし、その中でも、大学授業での日本語表現能力育成のあり方、日本語を用いたコミュニケーションのあり方には、多様な可能性があると、この本の筆者である私たちは考えています。先に述べた担当者の苦労を軽減し、「空回り」を減らし、授業内での多様な日本語コミュニケーションを実現させるためには、「授業をデザインする」という発想が鍵になります。

　一般に、大学の授業をデザインするといったとき、ある科目の範囲の体系的知識を 1 学期 15 週の授業にどう分けて注入するかという、内容面のシラバスデザインが中心的に意識されているのではないでしょうか。しかし、言語知識や内容面の知識を知っていることと、それを使って表現できるということとは同じではありません。言語表現能力の習得を目指す授業では、授業履修後に何ができるようになっているか、授業内にどのようなコミュニケーションがなりたっているかが重要です。そのためには、「プロセスを意識して授業をデザインする」という発想が必要となってきます(詳細は、1 章 3 節の 3.3 参照)。

　また、授業内で学生達が多様なコミュニケーションを行い、お互いが持っているものを十分に表現できるようにするためには、学生同士や教師と学生間の関係性の再考が求められます。教師は、一方的な知識の注入者から、学

生同士が互いの考えや知識を表現しあう意義が十分にあるような授業の設計者へと、役割を転換する必要があります。ここで要になるのが、「協働的アプローチ」という発想です（詳細は、2章参照）。

さらに、狭義の日本語表現関連の科目以外にも、大学には学生が日本語表現能力を伸ばす機会がいろいろあります。たとえば、就職のためのキャリア教育の授業、専門科目の授業の中でも、科目の目標の達成に表現能力の育成を組み合わせることが可能です。授業形態の面からも、IT環境やクラス人数といった授業条件の中で、その状況に応じた表現能力育成を考えていく必要があります。この本では、ことばの学習をさまざまな目的や訓練と同時に推し進めることによって幅を広げていこうという発想を「統合的アプローチ」として取りあげました（詳細は、3章参照）。

3　この本の対象と目的

この本は、大学での言語表現能力育成に関する科目に携わる方に向けて、実践例や関連情報を示すことで、授業のデザインと実践のアイデアを提供することを目指しています。対象となる学生としては、日本語を母語とする一般の大学生と母語としない学生（留学生等）の双方を想定しています。具体的には、「日本語表現法」関連科目、「基礎演習」関連科目、留学生の日本語・日本事情科目のご担当者に向けて書いています。さらに、その他のさまざまな分野の科目の中でも、その科目の学習内容に加えて、言語表現能力育成面での学習も加えるアイデアのリソースとしても、活用していただければうれしいです。

近年、「大学生の日本語」に対する社会的な関心や要請が高まっています。しかし、日本では、「大学での学習を支える言語表現能力の育成」の成果は、対象者および実践者の所属や学問的背景によって、日本語教育、国語教育、大学教育（教養教育、初年次教育、リメディアル教育、専門教育、Faculty Development等）、教育学、教育工学等、さまざまな分野の学会や研究会に分散して発表されていることが多く、相互の共通点をあぶりだして参考にし

あうということが、されにくい状況となっています。

　また、「大学生の日本語」の教育では、近年の大学生の多様化という状況下において、何を教えるかだけでなく、どのように教えるか、学習者がどのような学びのプロセスをたどったかを見ることが非常に重要になってきています。しかし、多様な対象者に対応し、言語産出プロセスを意識して複数の技能訓練を統合するという発想、学習者間の協働学習を促す発想、異分野の教師間の協働を進める発想は、大学教育ではまだ一般的ではありません。この本は、この分野に携わるさまざまな背景の先生方に、統合的・協働的なアプローチによるカリキュラムについての情報を紹介しています。

4　この本の構成

　この本は、協働的・統合的なアプローチによる授業実践の事例（2章、3章）、実践の分析からわかったことについてのコラム（2章、3章の章末）、海外の状況からのヒント（4章）の3つの部分からなっています。

　実践事例としては、協働・統合の2つのアプローチによる授業のデザイン・実施の過程を紹介しています。その中では、単にどんな活動を行なったかだけでなく、なぜその活動や手法を選択したか、コース全体の中で学習内容や活動をどう配置したか、その活動の留意点は何か、学習者の反応はどうだったかについても説明しています。また、実践事例とは条件の異なるコースでそれらのアプローチを応用する場合のアイデアについても触れています。

　また、2章、3章の章末の「分析からヒントを得る」は、日本国内での調査や実践から得た示唆をまとめたコラムです。たとえば、授業内で実際にどのような相互行為が行なわれ、それがどのような学びに結びついたか、学習者はどのような認識を持っているかについての分析結果などを紹介しています。具体的には、授業内でのグループ活動での発話、学習者の書いたレポートや感想文、学習者に対するアンケート調査などをもとに、学習者の言語行動と認識について触れたものです。

4章では、海外の実践について概観し、そこから得られるヒントについて紹介しています。具体的には、オーストラリアで開かれた初年次教育の大会からの情報、米国の大学のライティング・センターの状況、米国の教育および社会におけるライティング教育のあり方、日米の口頭発表のし方の違いなどを紹介しています。

◀ナビゲーション目次▶

この本は、頭から通して読んでいただくことも、目指す授業のタイプに応じてある部分を取りあげて読んでいただくこともできます。以下は、目的別のナビゲーションのための目次です。

▶ 授業の幅を知った上で、協働的・統合的アプローチのデザインを考え、海外の状況も参考にしたい（頭から通して読む）
　　1章から4章まで通して読む　11-256

▶ まず、授業のいろいろなタイプを知り、全体像から考えたい
　　1章イントロダクション「大学での日本語表現能力育成授業のデザインを考える」　11
　　2章イントロダクション「協働的アプローチで授業をデザインする」　27
　　3章イントロダクション「統合的アプローチで授業をデザインする」　95

▶ 授業参加者の関係を変え、授業内でのコミュニケーションを充実させたい
　　2章全体　27-91
　　3章9節「談話構成に見るグループの課題遂行の意義」　206

▶ とくに論理的思考力の養成に力を入れたい
　　2章イントロダクション　「協働的アプローチで授業をデザインする」　27
　　3章6節「パラグラフ・ライティングで批判的思考を育てる」　180

▶ 口頭発表のあり方を見直したい
　　2章2節　「相互活動によって口頭発表の方法を学ぶ」　56
　　3章4節　「口頭発表用レジュメを作成する」　153
　　4章3節　「多様なプレゼンテーションからのヒント」　235

▶ ふだんのコミュニケーションを見つめなおすような授業にしたい
　　2章4節　「ピア活動の意見交換の特徴と活動の指示」　82
　　3章8節　「コミュニケーション意識化の活動での気づき」　201
　　3章3節　「専門教育と言語表現教育を統合する」　153

▶ 学生の専門や将来像と結びつけた授業を行ないたい
　　2章3節　「看護学部の表現技術教育でピア活動を行う」　68
　　3章3節　「専門教育と言語表現教育を統合する」　139
　　3章5節　「就職活動の準備から学ぶ」　167

▶ レポート作成のプロセスと授業全体の流れを結びつけたい
　　2章1節　「プロセスを重視してレポートを作成する」　43
　　3章イントロダクション　「統合的アプローチで授業をデザインする」　95
　　3章6節　「パラグラフ・ライティングで批判的思考を育てる」　180
　　4章1節　「アメリカのライティング教育の1例」　220

▶ レポート作成指導で、人数・時間などの制約を乗り越えたい
　　3章1節　「多人数・短期集中授業でレポートを導入する」　111

▶ レポート作成指導の中で、IT環境を生かした関係づくりをしたい
　　3章2節　「論文テーマをSNSを使ってWeb空間で協働作成する」　125

▶ 初年次教育の一環としての授業の可能性を考えたい
　　3章イントロダクション　「統合的アプローチで授業をデザインする」　95
　　4章イントロダクション　「海外の実践からヒントを得る」　217
　　4章4節　「オーストラリアの初年次教育の現状」　242
　　4章5節　「オーストラリアの初年次教育での改革例」　249
　　4章6節　「イギリスの初年次教育」　254

▶ 大学内のほかの教員や部門を巻きこんだ支援のあり方を考えたい
　　2章6節　「チーム・ティーチングでの教員の協働」　92
　　4章2節　「アメリカのライティングセンター」　232
　　3章2節　「論文テーマをSNSを使ってWeb空間で協働作成する」　125

▶ 学生の今までの学習経験や文化的背景について考えたい
　　3章7節　「学校教育における規範としての「談話構成」」　196
　　2章イントロダクション　「協働的アプローチで授業をデザインする」　27

▶ 留学生を対象にする際の留意点を考えたい
　　2章5節　「留学生と日本人学生のピア活動の留意点」　87
　　3章5節　「就職活動の準備から学ぶ」　167
　　3章10節　「ブック・トークにみる引用と要約の難しさ」　211

目　次

1章　大学での日本語表現能力育成授業のデザインを考える　　　11
2章　協働的アプローチで授業をデザインする　　　27
　2章1節　プロセスを重視してレポートを作成する　　　43
　2章2節　相互活動によって口頭発表の方法を学ぶ　　　56
　2章3節　看護学部の表現技術教育でピア活動を行う　　　68
　2章4節　ピア活動の意見交換の特徴と活動の指示　　　82
　2章5節　留学生と日本人学生のピア活動の留意点　　　87
　2章6節　チーム・ティーチングでの教員の協働　　　92
3章　統合的アプローチで授業をデザインする　　　95
　3章1節　多人数・短期集中授業でレポートを導入する　　　111
　3章2節　論文テーマをSNSを使ってWeb空間で協働作成する　　　125
　3章3節　専門教育と言語表現教育を統合する　　　139
　3章4節　口頭発表用レジュメを作成する　　　153
　3章5節　就職活動の準備から学ぶ　　　167
　3章6節　パラグラフ・ライティングで批判的思考を育てる　　　180
　3章7節　学校教育における規範としての「談話構成」　　　196
　3章8節　コミュニケーション意識化の活動での気づき　　　201
　3章9節　談話構成に見るグループの課題遂行の意義　　　206
　3章10節　ブック・トークにみる引用と要約の難しさ　　　211
4章　海外の実践からヒントを得る　　　217
　4章1節　アメリカのライティング教育の1例：
　　　　　　ニューヨーク周辺事情を中心に　　　220
　4章2節　アメリカのライティング・センター　　　232
　4章3節　多様なプレゼンテーションからのヒント　　　235
　4章4節　オーストラリアの初年次教育の現状　　　242
　4章5節　オーストラリアの初年次教育での改革例　　　249
　4章6節　イギリスの初年次教育　　　254

イントロダクション

1章　大学での日本語表現能力育成授業のデザインを考える

大島　弥生

▶ 授業のデザインの手順を考える
▶ 協働・統合的アプローチによる授業のデザインを考える

1　授業をデザインする流れ

1.1　授業をデザインする流れ

　ここでは、どんな授業を行うかを決める授業デザインの手順を考えたい。通常の大学の授業では、何を教えるかという知識の内容の検討が主になるだろ

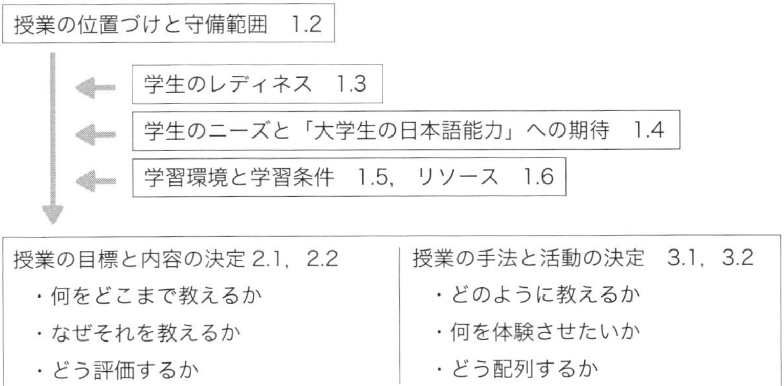

```
授業の位置づけと守備範囲　1.2
    ↓
    ← 学生のレディネス　1.3
    ← 学生のニーズと「大学生の日本語能力」への期待　1.4
    ← 学習環境と学習条件　1.5，リソース　1.6
    ↓
┌─────────────────────────┬─────────────────────────┐
│授業の目標と内容の決定 2.1, 2.2│授業の手法と活動の決定　3.1, 3.2│
│　・何をどこまで教えるか　　　　│　・どのように教えるか　　　　　│
│　・なぜそれを教えるか　　　　　│　・何を体験させたいか　　　　　│
│　・どう評価するか　　　　　　　│　・どう配列するか　　　　　　　│
└─────────────────────────┴─────────────────────────┘
```

図1　授業デザインの流れ（ここで説明するもの）

う。しかし、言語能力育成では、知識の伝達ではなく、学生がコース終了時に何ができるようになっているか、そのためには何を体験させるか、体験のための活動をどう配列してどう教えるかということが、検討の中心になる。

　ここでは、それらを検討する際の主なポイントをあげ、図1のような授業デザインの流れに沿って説明していく(図中の番号は、文中の説明箇所の節番号)。

1.2　授業の位置づけと守備範囲

　授業のデザインには、カリキュラム全体の中で、その科目はどのような位置づけにあるかが反映されてくる。以下に主なポイントを整理しておく。

(1)　履修の枠組み
- その機関の学習を支える言語能力育成の科目として必修化されているのか
- 選択科目として、シラバスを読んで興味を持った学生のみが履修するのか
- 選択必修科目として、数科目から選んで履修するのか
- クラス分け試験などにもとづいて必要とみなされたものだけが履修するのか
- 初歩から上級へといった段階的な科目編成が可能か

(2)　履修の段階
- 初年次の導入期(高校から大学への移行期)の科目として「大学生」にとっての基本的な態度や学習技術の習得を主とするか
- 基礎教育段階から専門教育段階への移行期の科目として専門知識の習得を支える態度や学習技術の習得を主とするか
- 専門教育段階の科目として学術研究の基礎を支えるアカデミックな言語表現能力の習得を主とするか
- キャリア教育の科目として社会人に必要とされる態度やコミュニケーション能力の養成を主とするか

また、学習内容をしぼりこむにあたり、カリキュラムの中でその科目の学習内容として何が求められているかの点検も必要だ。文章作成や口頭発表の指導の過程では、狭義の「ことば」の学習以外にも行えることがある。複数の目的を持った学習のあり方については、3章「統合的アプローチで授業をデザインする」も参照されたい。

(3)　学習内容の守備範囲
- ■他の科目とのすみわけや連携をどうするか
- ■「ことば」と「内容」と学習技術のどこに重点を置くか
  - ・「ことば」だけに焦点を当てた科目として期待されているか
  - ・特定分野の知識などの「内容」も学習対象として期待されているか
  - ・大学で求められる学習技術の導入は、その科目で最初に行うか、他の科目と連携可能か
- ■学習コミュニティ作りが科目の目的として期待されているか
  - ・学生間の信頼関係を作るきっかけとして期待されているか
  - ・コミュニケーションの活性化のきっかけとして期待されているか
- ■どのような分野・ジャンルの文章が学習の対象として期待されているか
  - ・社会生活での書き言葉によるコミュニケーションを支える、より汎用的な「論理的で明確な文章」の作成
  - ・「論理的な文章」作成過程での論理的思考力、批判的思考力の育成
  - ・専門分野での論文・レポート作成のための訓練
  - ・専門分野の論文作成には直結しないが、当該の専門と言葉との関わりを意識させること
  - ・レポート、報告文のみならず、敬語や手紙文を含めた広い意味での適切な言語行動の訓練
  - ・スタディ・スキル(学習技術)やコンピュータ・リテラシー育成と日本語表現能力養成との同時進行

- コミュニケーションの活性化を促す文章の作成
- 自己理解や他者理解を促す文章の作成
- その他

1.3 学生のレディネス

　また、学習内容の決定には、科目開始時までに学生が持っている能力や経験を踏まえることが当然必要となる。とくにPC操作などのスキルは、それまでの経験の有無によってかなりの差が生じる。

(1)　対象者のレディネスはどのようなものか
- ■言語的な側面
  - ・語彙力、漢字力、文・文章の作成能力、読解力などのレベル
- ■論理性の側面
  - ・論理的コミュニケーションや小論文などの訓練の経験
  - ・論題の内容に関する知識の有無
- ■学習技術の習熟度
  - ・コンピュータについてのリテラシーやスキルのレベル
  - ・情報検索や文献検索についての経験やスキルのレベル
- ■学生がその科目の予習復習や課題制作に割ける時間とエネルギー
- ■その他

(2)　対象者のレディネスについてどのような対応が可能か
- ■履修前レディネス調査が可能か
- ■学生間のレディネスの差が大きい場合、何らかの手当てが可能か
  - ・レディネスに応じたクラス編成が可能か
  - ・一部の履修者に対して補習やティーチング・アシスタント(TA)または先輩チューター等からの手助けが可能か
  - ・レディネスの差を学生間のコミュニケーション訓練にむしろ利用するような活動のデザインが可能か

1.4　学生のニーズと「大学生の日本語能力」への期待

　一般に、大学の授業のデザインにあたって学生のニーズが考慮されることは少ないのではないだろうか。だが、ニーズに対応できれば、動機を高める上でも効果的だろう。

　また、その科目で育成すべき日本語表現能力に対して、他の教師集団が持っている期待がある。とくに必修科目などでは、その期待を踏まえた学習目標・学習内容の選択がある程度要求されるだろう。そして、その科目で培った能力を踏まえて他の科目の活動や課題が設定されるとすれば、その科目でどのような学習を行ったかについて、他科目の教師にも伝えていく必要もあるだろう。

(1)　対象者自身が持つニーズについてどのような対応が可能か
　　■ニーズ調査が可能か
　　　・その年の学生に対して履修前にニーズ調査が可能か
　　　・前年の学生のニーズ調査結果が利用可能か
　　■学生のニーズに応じたクラス選択が可能か

(2)　他の教師が持つ期待についてどのような対応が可能か
　　■期待調査が可能か
　　　・他科目の教師集団に対して期待調査が可能か
　　　・その期待は授業に反映できるものか
　　　・期待を反映した授業デザインをどう学生に伝えていくか

1.5　学習環境と学習条件

　ここでは、大学での日本語表現能力育成を考える上での要素の中から、実践者の選択の外にある条件を整理してみる。実践者は、ある科目（コース）の具体的な学習目標・学習内容を決める前に、以下の諸条件を考慮する必要がある。その科目の実践者だけでは決められないこれらの諸条件をもとに、一定のコース像を設定した後、次の段階にはコースの目的と目標について、さらにしぼりこむことになる。

(1) 学生の構成
　■学生の構成は多様か、近似しているか
　　・第2言語としての日本語学習者か、日本語母語話者か、混成か
　　・同一学年か、混成か
　　・同じ専門のみか、多様な専門か
　　・多様な学生が混在している場合、その違いを利用したコミュニケーションを授業内の活動に取り入れることが可能か

(2) クラスのサイズ
　■1クラスの学生数はどの程度か
　　・履修者数の上限設定が可能か
　　・学生数が多い場合、複数の教師やTAの配置が可能か

(3) クラスの運営形態と授業時間
　■単一のクラスか、複数クラスの同時進行か
　　・複数クラスの場合の内容・形態・評価方法の自由度はどの程度あるか
　■講義か、演習か、その折衷か
　　・「大規模な講義＋小規模な演習」の組み合わせ（レクチャー・チュートリアル形式）が、たとえば同一週内に可能か

(4) 教室の学習環境
　■教室の条件は選択可能か
　　・机や椅子は可動式か、グループごとに島が作れるか
　　・教師の机間巡視が可能か
　　・授業時間中の学生の座席移動は可能か
　　・視聴覚機器やPCは使用可能か（教師にとって、学生にとって）
　　・グループ討論やポスター発表が可能な教室か

(5) IT環境
　■IT環境はどの程度整備されているか
　　・PCやインターネットやSNSは使用可能か（大学内で・学生の自宅

で）
　　・学生との e メールや web（ホームページ、掲示板、ブログ等）を通
　　　じたやり取り（課題の提出やコメントの交換など）が可能か

1.6　リソース
　その科目（コース）が利用可能なリソースを整理する必要もある。
（1）　学内外の人的リソースからどの程度サポートが受けられるか
　　　■異分野の教師間の協働が可能か
　　　■ティーチング・アシスタント（TA）の配置は可能か
　　　■図書館や情報処理センター等の学内施設の連携を得られるか
（2）　学内外の物理的リソースがどの程度利用可能か
　　　■学内に学習支援センターなどの学生のための相談窓口があるか
　　　■図書館に複数の学習図書を配備できるか
　　　■授業内の活動のための模造紙、付箋紙、ペン、掲示用具や録音機材
　　　　などが、各学生用に準備できるか
　　　■学内で学生の自習用の PC を確保できるか

2　授業の目標と内容の設定

2.1　目標・目的の設定と内容の選択
　前述のような授業の前提条件を確認したのち、つぎに授業の目標・目的と内容を決定し、その目標を達成するための課題をシラバスに沿って配置していくことになる。
　目標・目的と内容を考える際には、「何をどこまで教えるか」だけでなく、「なぜそれを教えるか」、「（目標の達成を）どう評価するか」についても考えておく必要があるだろう。
　また、言語表現能力を育成する科目というと、「ことば」の学習としての目的のみを考えがちである。もちろん、語彙、文章や、コミュニケーション

の手法的な側面に特に焦点を当てた授業をデザインすることも可能だが、一方で、他の目的と「ことば」の学習を同時に目指すような、「統合的なアプローチ」による授業作りも可能である。たとえば、専門知識の整理と文章作成の双方を目指す「コト(内容・知識面)」と「ことば」の学習の統合としての目的設定もありうる(3章「統合的アプローチで授業をデザインする」参照)。あるいは、「ことば」の学習を通じた「関係作り」としての目的設定(2章「協働的アプローチで授業をデザインする」参照)や、「動機付け」や「きっかけ作り」としての目的設定も可能だろう。

2.2　目的の明示化と評価方法の決定

　目標と目的を決定したら、それを明示的に学生に示すことを考えなければならない。具体的には、評価方法を決定して示すことで、同時に目標と目的も伝わることが多いのではないだろうか。評価方法を決める際のポイントとして、以下のような点があげられる。

(1)　評価方法をどうするか
- 評価方法・観点をどうするか
- どの課題を評価対象とするか
- 課題提出方法・課題へのフィードバック方法をどうするか
- 目標となる「よい例」を明示するか
- 複数クラス間の評価方法の自由度をどうするか

2.3　課題の選択と配列

　このあと、授業の方法、学習活動の選択等の具体的な部分について決めていく段階に入る。具体的には、最終の課題の到達目標を決め、それを達成できるように各回の課題を配列していくことが多いだろう。また、課題となる文章のジャンルや論点の選択も、授業の性格に大きく影響する。授業の目標に即した既存の教材があれば、それを選択することもできるが、たいていはそのクラスの特性に応じて自主作成の補助教材などで補完する必要がでてく

るだろう。

3　授業の手法と活動の決定

3.1　手法と活動の決定

　授業の中で「どのように教えるか」を決めるには、「何を体験させたいか」から考えたほうがよいだろう。この本では、「協働」と「統合」をキーワードに学習の中での体験のアイデアを練っている。とくに「協働」という発想の中では、授業内の学生間、学生―教師間の関係性の再考が必要になる。つぎに、その体験させたい課題を「どう配列するか」について考えることに移る。その際に強調したいのが、学習のプロセス（3.3）という発想だ。

3.2　協働と統合という発想

　この本では、協働的アプローチにもとづく実践と、協働を重視したカリキュラムの提案を2章で取りあげている。ここでは、学生間の協働学習を促す発想（特に、異文化間の学びなど個々の参加者の違いを重視する発想）にもとづく、いくつかの実践が報告されている。「協働作文学習（ピア・レスポンス）」＝「学習者が自分たちの作文をより良いものにしていくために仲間（peer）同士で読み合い、意見交換や情報提供（response）を行いながら作文を完成させていく活動方法」（池田 2004: 37-38）を中心に、協働的アプローチからの言語能力育成の実践を取りあげている。

　また、この本では、日本語表現能力の育成を、より広い教育目標と統合させて行うことを志向している。3章はこのような切り口からの実践報告集である。これらの実践は、言語や文章の産出プロセスを意識して複数の技能訓練を統合するという発想、異分野の教師間の協働を進め、複数分野での学習を統合する発想、内容・知識に関する学習や気づきと表現力の獲得、すなわち、コトと言葉の学習を統合するという発想を持っている。

　さらに、協働と統合という発想のもとで、学生間、学生―教師間の関係性を問い直すという発想も提示している。このような発想の活動においては、

教師は知識の一方的な伝授者でなく、学習の支援者としてふるまうことになる(詳しくは2章参照)。

　大学での言語表現能力育成科目をデザインする際に教師が陥りがちな思い込みは、「添削は教師でなければできない」という考えであろう。たしかに、添削や修正の中には、教師または訓練を受けたTAのような、学生とは語彙力や言語運用力のレベルの違う添削者でなければできない側面もあるだろう。しかし、本来、これらの科目の最大の目的は、学生自身が(コース終了後も)自己の文章を自力で向上させられる力を得ることにあるといえる。あるいは、学生同士が相互にコメントしあう学生共同体を大学の中に機能させることも、目的として選択しうる。そうであるならば、毎回つねに学生が書いたものを教師が添削して次回に返却するというスタイルをとることには、限界がある。教師(＋TA)添削・推敲、自己添削・推敲、学生間の協働推敲などを組み合わせることにより、科目の可能性を広げられる面もあるだろう。

3.3　プロセスをデザインするという発想

　プロセスという観点から、大学での日本語表現能力育成カリキュラムをデザインすることにより、学習内容の縦の配列(時系列的配列)と横の配列(科目内の学習内容のバリエーションおよび科目間の連携による学習内容のバリエーション)の両面において、多様な可能性を見出せると考えられる。以下では、この縦と横の配列の類型について説明したい。

　学習内容・項目・活動の縦の配列(1コース内の時系列的配列)の類型としては、以下の、図2のさまざまなジャンルを扱う複数ジャンル型、図3の文章等の作成のプロセスに沿って活動を配置する長期プロセス型、図4の融合型の3種を提案する。

　さまざまなジャンルを扱う複数ジャンル型のコースの利点は、幅広い範囲の文章や言語行動の練習ができることである。その反面、毎回の課題が短いものになること、提出物へのフィードバックを翌週・翌翌週に行ったときには別の課題に取りかかっていて話題が拡散しがちなことが欠点といえる。た

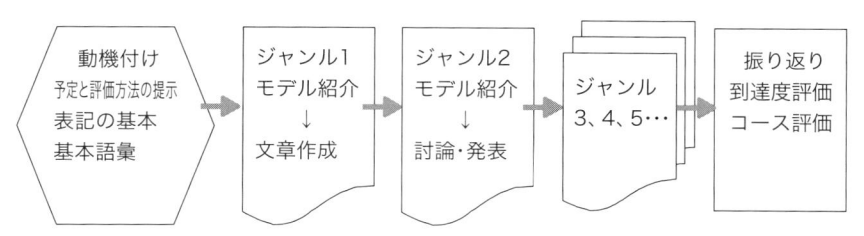

図2 複数ジャンル型：さまざまなジャンルを扱う型のコースの例

だし、テーマを統一した上で毎回異なる課題を課すことも可能である。たとえば、「読み手にわかりやすく伝えること」を統一テーマとして、
「口頭練習(地図の説明)⇒説明文(仕組み)⇒説明文(時系列)⇒説明文(理由)⇒報告文(選択結果)⇒説得の文章(企画書)⇒依頼の文章(手紙)⇒依頼の言語行動(ロールプレイ、敬語の訓練)⇒……」
というように複数の文章を毎回練習し、途中回か最終回で「わかりやすさとは何か」について考えさせる、といった設定も可能だろう。

図2とは反対に、ある程度の分量のある課題を設定し、それを作りあげるプロセスをコースの中でたどっていくやり方もありうる。図3は、長期プロセス型：目標となる課題(レポートなどの長文、発表、プロジェクト等)の作成のプロセスに沿って各回に活動を配置する型のコースの例である。

一般に、大学1年生は200–800字程度の受験小論文をその場で決まった時間内に書くことについては、訓練を受けてきていることが多い。しかし、長い時間をかけてテーマを切り出し、情報や文献を探し、構成を練ってから

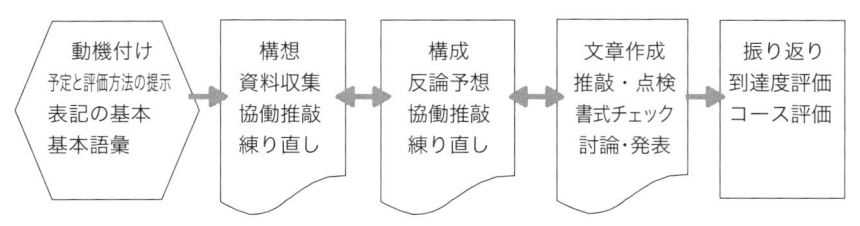

図3 長期プロセス型：目標となる課題の作成のプロセスに沿って各回に活動を配置する型のコースの例

書く・発表するという経験は、相対的に少ない。この型であれば、課題完成までにさまざまな学習技術の導入・練習をじっくり盛りこみやすい。完成したときの学生の達成感は大きいが、その反面、途中で脱落しかかると、クラスの進行に追いつきにくい。教師のオフィス・アワーやTAの活用によって、学習支援を行う必要がある。

　さらに、上述の図2と図3を融合したのが図4である。3–4週程度を1ユニットとして、その中で課題の作成プロセスに沿って授業を進める。初めの課題で失敗した点を、次の課題での改善点としてつなげやすい。

　また、上記図2–図4のどの型においても、初回に短い文章を書き、最終回に同一テーマでまた文章を書いて学生自身に初回のものと比べさせる、あるいは最終回で初回に自分が書いた文章を添削・評価させる、などのしかけを入れることで、コースで学んだことの自覚を促すことが可能である。とにかく、どの型においても、最終課題の提出をコース終了後とせず、必ず授業内にその課題を学生自身が見直し、学習したことを振り返ることのできる回を設けるような配列とすることが重要だ。課題提出の週の授業で学生の自己推敲・添削を行い、自ら朱書きで訂正を入れたものを評価対象とすると、おざなりでない推敲・添削となることが多い。

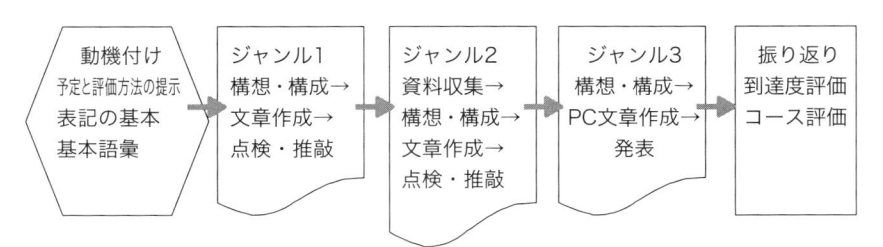

| 動機付け
予定と評価方法の提示
表記の基本
基本語彙 | ジャンル1
構想・構成→
文章作成→
点検・推敲 | ジャンル2
資料収集→
構想・構成→
文章作成→
点検・推敲 | ジャンル3
構想・構成→
PC文章作成→
発表 | 振り返り
到達度評価
コース評価 |

図4　融合型：上記の図2のジャンル数を減らし、授業数回分を1ユニットのプロセスとするコースの例

4　授業デザイン・実施・評価・改善のサイクルへ

4.1　運営上の困難と調整

　日本語表現能力育成の授業は必修科目となっているケースも多く、デザインや運営の段階では、大人数の教師間の意思疎通が課題となる。吉倉(1997)や向後・筒井(1999)では共通シラバスなどのアイデアが提供されており、参考になる。授業手法についての報告会や報告書発行などを通じ、担当者が情報を共有しているケースも多いようだ。

　また、授業実施中は、添削がとくに負担だという声をよく聞く。しかし、3.2で述べたように、教師添削がつねに最良のフィードバックであるとは限らない。書かれたものへのフィードバックのバラエティについては、2章の協働アプローチのイントロダクション部分でも触れているので、参考にしていただきたい。

4.2　学生への学習サポートのシステム化へむけて

　さらに、1.6でも触れたように、授業課題の作成をサポートする教師以外のリソースの利用という選択肢もありうる。たとえば、ティーチング・アシスタントや先輩チューター学生などが配置できれば、履修学生にとって質問がしやすいだけでなく、チューターとなった大学院生などにとっても貴重な指導経験となる。欧米の大学にあるライティング・センターでは、アカデミック・ライティングの訓練コースを受けた先輩学生を、チューターとして積極的に利用しているケースが見られる(4章参照)。また、欧米や豪州の大学では、このような学習サポートのさまざまな手段を、初年次教育と連動させて大規模に推進しているところもある(4章参照)。日本でこのような学習サポートのシステムを追求した先駆的な例として、京都精華大学のチューター制度、早稲田大学のライティング・センター制度などがある。今後の大学生の多様化にむけて学習サポートのシステム構築を検討中の機関も多いと思われるが、これらの事例の「書くことの手助け」を軸とした学習サポート

方法と支援組織の運営方法などは、非常に参考になるのではないだろうか。

4.3　授業改善のサイクルづくりへむけて―フィードバックの方法

　授業を実施している段階でも、進度や難易度などについて微調整が必要となることがある。毎回の授業の最後に「質問はありませんか」と聞いても、クラスの中では発言がないことが多い。毎回の提出物そのものの出来からも理解度や消化度は判断できるが、提出用シートの一部に「感想欄」を設けておくと、個々の学生からの疑問や困難さの訴えを拾いやすい。一度拾って次の授業でフィードバックをしておくと、その後は感想を出しやすくなる傾向があるようだ。

　また、できれば、授業の最終回に履修者に対するアンケートを行い、授業内の課題や教材などについても、どこにつまずいたか、どこがおもしろかったかなどを聞いておくとよい。後輩にとって、より効果的なコースとするためという目的を説明すると、真剣に意見を出してくれる学生が多い。

　学生からの授業評価や担当教師自身のコースの振り返り・評価は、できるだけ年度ごとに成果と問題点をまとめて、次年度に引き継ぐ体制を作りたい。そうすることによって、次年度の授業のデザイン自体が改善され、また次の実施、評価、改善のサイクルへと結びつくことになる。

注

　この本の内容の多くは、『平成15〜平成17年度　科学研究費補助金(基盤研究(B))研究成果報告書、研究課題名「大学での学習を支える日本語表現能力育成カリキュラムの開発：統合・協働的アプローチ」(課題番号15320065 研究代表者：大島弥生)』における共同研究の成果によっている。この報告書で示した研究成果をもとに、実際の授業に応用しやすいように練り直したものとなっている。

参考文献

池田輝政・戸田山和久・近田政博・中井俊樹(2001)『成長するティップス先生―授業デザインのための秘訣集』玉川大学出版部.

池田玲子(1999)「ピア・レスポンスが可能にすること　中級学習者の場合」『世界の日本語教育』9: pp.29–43. 国際交流基金.

池田玲子(2004)「日本語学習における学習者同士の相互助言」『日本語学』23(1): pp.36–50.

井下千以子(2008)『大学における書く力考える力―認知心理学の知見をもとに』東信堂.

向後千春・筒井洋一(1999)「表現科目授業実践の共有化と流通を教育工学から考える」『大学教育学会誌』21(2): pp87–90.

島田康行(2012)『書ける大学生に育てる―AO 入試現場からの提言』大修館書店.

鈴木宏昭編著(2009)『学びあいが生みだす書く力―大学におけるレポートライティング教育の試み』(青山学院大学総合研究所叢書)丸善プラネット.

筒井洋一(1996)「富山大学における「言語表現科目」の新設とその意義」『一般教育学会誌』17(2): pp.157–162.

吉倉紳一(1997)「大学生に日本語を教える―必修『日本語技法』新設の顛末」『言語』26(3): pp.18–26.

イントロダクション

2章　協働的アプローチで授業をデザインする

池田 玲子

- ▶ 大学の授業に「協働活動」と「協働学習」を取り入れる
- ▶ 「協働的アプローチ」による授業のさまざまなデザインを考える
- ▶ 「協働的アプローチ」によって、参加者の関係性を変える

1 「協働的アプローチ」による授業のデザインとは

1.1 「協働的アプローチ」で授業をデザインする

　この章では、近年広い分野で用いられている「協働」の考え方の背景とその定義、要素について解説し、協働的アプローチによる大学での表現法授業デザインの事例を紹介する。

1.2 「協働」とは

　協働は、現在、日本では実に広い分野で取りあげられている概念である。心理学や情報科学、あるいは近年盛んになってきた町づくり関連の話題やビジネスの世界でもキーワードの1つとなっている。教育の分野でも学校教育をはじめ、学校臨床、開発教育、生涯教育などにもみられる概念である。しかし、協働の定義は多様である。分野間を区別するような明確な定義の違いもなければ、1つの分野内でも異なる定義がなされているのが現状である。また、表記についても未だ統一されたものがなく、たとえば「きょうどう」

「協働」「協同」「共同」「コラボレーション」「コーポレーション」の他にも、学習研究分野では「協調」も多く使われている。以下に示した表1には、異なる分野でみられる定義の例をいくつか挙げてみた。ただし、ここで示した定義は、その分野の代表的なものを取りあげたわけではなく、筆者の任意のものをいくつか比較しようとしたものである。

なお、本書では、「協働」の表記を用いるが、引用した文献の著者が「協同」など別の表記を使用している場合はそちらに従うことにする。

表1　協働の定義

1)認知科学	各成員は異なる役割を担い、個々の能力を発揮する。さらに構成員の努力した結果が、相互作用によって、構成員個々の成果の総計以上のものになる(Lepper & Whitemore 2000)
	個人のもつ知識、情報、意思、選好などのマイクロなインプットが集団決定、集団解、集団遂行などのマクロなアウトプットに変換される社会的メカニズムこそ、協同行為の本質部分(亀田 2000)
2)情報科学	何かを生み出す目的をもった人間のかかわりである。すなわち価値を創造してそれを共有するプロセスであり、言い直すと、互いに補う技能をもつ複数の人々が一人では到達できない互いに理解される共有の場をもつ価値創造のプロセス(松下 1995)
3)町づくり	2つ以上のアクターの参加、アクターそれぞれがもつ主体性、継続した協働関係の形成、アクターそれぞれによる何らかの資源の提供、責任の共有(人見・辻山 2002)
	協働は各主体が役割を分担して地域づくりを進める考え方や、その仕組みを指す(井上 2002)
4)経営学	高いコラボレーションのスキルは、単に個人と個人の関係だけでなく、チーム内の関係、また部門間の関係、顧客やサプライヤーやパートナーとの関係において、自然の熱意を生み出す。コラボレーションのスキルはすべての人間関係の質を高める。コラボレーションの関係は、葛藤や対立関係の有毒作用に侵された職務環境とは対照的に、健康的な環境をつくりあげる(タム&リュエット 2005)
	問題の「解」が参加者と参加者の間に所在する場合の問題解決プロセスが協働である。企業においては新技術のブレークスルー創出や新商品の開発プロセス、多様な環境での調整問題などに広範に現れてきている。(舘岡 2006)

5）コミュニ ケーション	作業のプロセスそのものが、参加者同士、お互いに理解、啓発、刺激のしあい、自己実現の場ともなり、参加した全員がある程度の達成感や満足感を得られる、さらには相互の信頼関係も生まれるという相乗効果を生むもの（野沢 2004）
6）学校臨床	所与のシステムの内外において異なる立場に立つ者同士が、共通の目標に向かって、限られた期間内に互いの人的、物的資源を活用して、直面する問題の解決に寄与する対話と活動を展開すること（亀口 2002）
7）学校教育	同じ目的をもつ者同士が、対等に意見交換して、共に行動すること（伊藤 2003: 100）
	互恵的相互依存関係が成立している。学習目標の達成とグループの成功に対する学習者自身の責任が明確になっている。促進的相互交流の機会が保障され、実際に相互交流が活発に行われている。「協同」の体験的理解が促進されている（日本協同教育学会 2006）
8）教育心理	能力面の特性だけでなく、違った視点・別の考え方の相互交流による学び（佐藤 1999）
9）外国語教育	協働学習：能力の高い者が低い者を支援する協力的な学習方法（Oxford 1997）
	仲間同士の協働は互いの理解を進め、必要な支援を提供しあう関係をつくる（Ohta 2001）

　こうしたさまざまな定義がある中で、とくに近年盛んになっている「町づくり」関連の話題においては、「協働」をその中心理念として掲げる例が少なくない。町づくりの話題に協働が取りあげられる理由は、従来「官の論理」によって行政主導で行ってきた地域社会形成を、そこに住み直接利害をこうむる立場の市民自らが主体となる運営システムに変革しようとする意図からである。その際の理念として協働が有用だからである。では、協働のどのような特徴がそうした変革を可能にすると考えられているのだろうか。

　臨床心理学のヘイズら（2001）は、協働の概念要素を指摘している。彼らは、協働の原則として「相互性」「目標の共有」「リソースの共有」「広い展望」「対話」の5つの要素を挙げ、協働の成果としては「更新」「専門性の向上」を提示している。これらをみると、協働の特徴といえるのは、従来の社会に

根付いているトップダウン・システムにおける情報や作業、行為など縦方向の流れだったものを横に変え、そこにかかわる人間すべてを主体とみなし、さらにそれらに双方向のダイナミズムを捉えることである。特徴の第2は、協働が創造的な成果を目指す点である。従来の社会システムである競争世界の根底にあった原理は、単に勝者が敗者を管理下に組み込み、その時点で勝者の規範のみをその後の社会規範としていくというものであった。これに対し、協働は主体間の価値を受容し、さらに協働のプロセスの中で不可欠な新たな価値を創造しながら全体を更新していくという考え方である。

2 「協同(協働)学習」(ピア・ラーニング)とは

2.1 協同学習の変遷

一般に、教育分野の協働は、近年になって新たに登場した考え方だと誤解されがちだが、日本の教育界には50年近くも前にあったという事実が報告されている。教育の世界ではこれまで「協同」の表記が使われてきたようである。本節では協同の表記をあえて使用する。

ジョンソンらによれば、アメリカでは1960年に「協同学習センター」が開設されており、ここから協同学習の研究が始まった。このセンターの創設者であり、アメリカ協同学習の代表的存在であるジョンソンら(D. Johnson & R. Johnson)は自らの長年にわたる多くの研究結果に基づいて、協同学習の意義を主張してきた。ジョンソンらは、協同学習の基本要素を次のように挙げている。「互恵的な相互依存」「学習者同士が顔をあわせて行う励ましあい」「個人の学習責任」「集団に関する社会的技能」「共同活動評価」の5つである。

アメリカではジョンソンらの他にも、ケーガン、シャランらを中心にそれぞれ学習研究グループがあり、それらが実践現場の教育ともつながっている。つまり、現場の教育を研究によって常に改善していくシステムができている。

一方、日本では協同学習の歴史はアメリカよりも古い。杉江(1999)によ

れば、大正期の学校教育において既に協同の本質的な意義を唱えた教育論があったという[1]。昭和期では、塩田芳久は1962年に「バズ学習」と言われる学び合いの学習方法を提案している。バズ学習とはグループ討論をとり入れた授業方法のことで、ハチが音を立てるbuzzが教室での話し合いのガヤガヤした様子に似ていることから名づけられた。バズ学習では単に技法を身につけるのではなく、信頼に支えられた人間関係の構築をもめざす。このバズ学習は日本の協同学習の理念を最初に提唱したものである。

その後、1970年代の後半には、競争教育に対する批判が高まっていた。片岡・南本(1979)は競争教育を「排他的協同」の教育実践だと指摘し、これに対する学習として「協同学習」を主張している。片岡らの言う協同とは、「人と人とが力を合わせて目的を達成する協同(1979: 162)」と定義されている。ここでは、競争と協同について4つの行動型(図1)が提示されている。人と人との関係が支援関係か、争う関係なのか、またその行動が世間的な利害にあるか、内面的な充実にあるかによって、排他的であったり相互扶助的であったりすることを意味している。

```
              4つの行動型
               （利害）
      ┌─────────┬─────────┐
 助   │ 相互扶助 │ 排他的競争│  争
 け   ├─────────┼─────────┤  う
 る   │チームワーク│  努力   │
      └─────────┴─────────┘
               （充実）
```

図1　4つの行動型
片岡・南本（1979: 15　一部改変）

片岡らは、これまで協同と競争について実証的に研究されたものを考察し、学習意欲については、協同がいつも良い結果を得ていると結論づけている。そして、彼らはこうした協同学習の利点を次のようにまとめている(1979: 102)。

①学習成績の上位の者が犠牲になることなく、「落ちこぼれ」がちな子どもの学力を引き上げる。
②学習のしかたを身につける。
③学習意欲がつねに高い。
④学級の人間関係を緊密にする。

　この当時の協同学習は、競争教育を全面的に否定するものではなく、競争教育への極端な偏りを修正しようという意図のもとに提案されたものだった。しかし、当時、協同学習の展開を阻んだものは、産業界の基盤理念としてあった競争原理だと言われている。実際、競争原理はまさにこの当時の日本社会全体に対して多大な影響力をもっていた。また、学校教育の現場教師は、もともと受験戦争を成功体験としていた。その影響もあり、競争の方が協働よりも支持されがちであったのであろう。

　今また協同学習への関心が高まってきている。しかも、最近では以前の提案のときのように年少者教育を背景としたものだけでなく、高等教育においてもその真価が認められつつある。それは現代社会が知識の高度化、複雑化の状況に変化していく中で、協働を要請する時代になってきているからだと思われる。

3　大学授業での「協働活動」をデザインする

3.1　日本の大学での表現法科目をどのように協働的にするか

　現在、日本の教育分野でも協働が再び注目されつつある。2004年5月には協同教育学会が設立し、日本の学校教育の分野において協同学習が見られる大きなきっかけとなった。しかも、最近の特徴は、大学教育にも協同学習を展開している点である。2001年にジョンソンらのActive Learningの訳本である『学生参加型の大学授業　協同学習への実践ガイド』(関田一彦監訳　玉川大学出版部)が出版され、つづいて杉江らによる『大学授業を活性化する方法』(玉川大学出版部)では大学での協同学習の事例が紹介されている。

一連の出版によって、日本の協同学習は高等教育の場にも展開しつつある。

　筆者自身は7年前から大学教育の日本語表現法科目で協働学習（これからはこちらの表記を用いる）を実践してきた。この実践は、アメリカの英語第二言語教育（以下、ESL）をもとにした第二言語としての日本語教育からの応用である（池田 1999）。日本語教育の作文指導は長く教師添削中心の指導を行ってきた。しかし、この指導では言語の形の正確さのみに偏ったものであり、作文学習が文字や語彙、文法の学習のために行われているという位置づけにあったといえる。一方、ESLの作文学習も同じような変遷をたどった後に、書くことによる思考の発達、書くことによるコミュニケーションの側面を見直すことから、プロセス重視、コミュニケーション行為としての作文学習の方法が検討されることになった。そこに登場したのが、プロセス・ライティングやピア・レスポンスの活動である。

　筆者はこのESLで広く採用されるようになったピア・レスポンスの活動を第二言語としての日本語作文教育に応用する提案を行ってきた。しかしながら、ピア・レスポンスを日本語教育に採用するには、大きな問題を克服しなければならなかった。アメリカで開発され発展してきたピア・レスポンスは、教育背景の異なる日本語教育において採用するには困難があることが分かったのである。ESL研究においては、「アジアの文化」が協働学習に馴染まないという指摘がある。しかし、考えてみると、協働学習が人間本来の社会的な学びを基盤にすえたものであるならば、その人間文化の1つである東アジアの文化が協働学習の理念と一致しないというのは論理的に矛盾していることになる。実際、日本語教師である筆者の目からみれば、東アジアの学習者の教室外の言動には、実に活発な協働的行為がみてとれる。では、ESLの教室ではなぜ東アジアの学習者は協働学習に適合しなかったのか。これは単に東アジアの学習者にとって、教室で行われる協働学習というものが、これまでの教育経験の中になかったために起きた問題ではないだろうか。つまり、学習方法や形態に対する不慣れという要因である。ここで言う東アジアの学習者とは、中国人や韓国人、日本人学生である。伝統的な教育形態の中

で教育を受けてきた東アジアの学習者にとって、教室で話題にされる事物について批判的な視点から議論したり、創造的な解決をしたりしていくというような学習経験は少ない。したがって、彼らが議論参加を要求された場合、自分がどのように参加すればいいのか戸惑ってしまうのは無理もないことである。もう1つには、伝統的な教育背景に育った学習者は、そもそも協働学習の意義を理解する手立てがない。実は、この第2の点は第1の要因の基盤にあるもっとも重要な部分である。

こうした考察を踏まえると、東アジアの学習者を対象とした協働学習は、協働的学習を経験してこなかった学習者が抱える困難に焦点をあてる必要があることが示唆される。

4 日本語表現法の「協働活動」をデザインする

4.1 日本語表現法での協働学習をどのようにデザインするか

前節で述べたように、日本語教育のデザインが協働学習に困難を覚えがちな東アジアの学習者への実践を念頭においたものである点で、日本語表現法科目にも大いに通じるところがある。そこで、日本語表現法の授業をデザインする上で、日本語教育のピア・レスポンスの方法を応用することにした。筆者は日本語表現法を協働学習として実施するために、次の2つをデザインポイントとした。

①活動方法への慣れ
②活動意義の理解促進

このポイントをもとに、次の4つの具体的工夫を行った。

①協働活動体験の繰り返し
②協働活動への緩やかな導入
③協働活動の意義の理解と態度の奨励
④協働活動のスキルと活動展開の明示

以下、この4つの方法について筆者の事例を述べていく。なお、ここで示

す提案は、すでに筆者らが記した表現法テキスト(『ピアで学ぶ大学生の日本語表現　プロセス重視のレポート作成』ひつじ書房)に反映させているので、以下の解説には、このテキストの記述部分を適宜引用する。

4.2　活動に慣れていない学生への協働的アプローチのデザイン
(1)　①協働活動体験の繰り返し②協働活動への緩やかな導入

　具体的な工夫は、文章作成の学習に採用したプロセス・アプローチの各プロセスにおいて、できるだけ多くの協働活動(以下ピア活動)とドラフト推敲時のピア・レスポンスを組み込むコース・デザインとしたことである。

　図1に示したように、作文作成といってもまだ文章化に至っていない段階では、アウトラインなどのプロダクトをもとにピア活動の課題を設定することができる。たとえば、テーマ検討段階では、ピア活動①の課題として、下記のような課題が設定できる。

『ピアで学ぶ大学生の日本語表現』　3課　p.27 より
　構想マップをもとに、今の時点のアイディアについて仲間と話すことで内容を広げよう。
　…中略…
　　①2人でペアを作り、話し手と聞き手になる。
　　②聞き手はその要点を提出用シートにメモする。
　　③メモをもとに、話し手に以下の質問をする。
　　　ア.「一番言いたいことは、つまり(A)っていうこと?」
　　　イ.「どうしてそう思ったの?」　　　　　…以下省略…

　これは、仮のテーマをもとに互いに主張とその根拠となるものを話しあう10分から15分程度の活動である。このように、ピア活動を目標規定文(主題文)作成段階やアウトライン作成段階にも組み込むことができる。プロセス後半では、文章化されたプロダクトができていくので、そこからは本来のピア・レスポンス活動を設定することになる。

活動の流れ(ピア活動／ピア・レスポンス)

```
自己紹介・コース理解
      ▼
テーマ決定                （ピア活動①）
      ▼
資料収集と整理
      ▼
目標規定文作成             （ピア活動②）
      ▼
アウトライン(第1)           （ピア活動③）
      ▼
アウトライン(第2)           （ピア活動④）
      ▼
第1原稿(虫食い本文)         （ピア・レスポンス⑤）
      ▼
パラグラフ
      ▼
パラグラフ                 （ピア・レスポンス⑥）
      ▼
第2原稿                   （ピア・レスポンス⑦）
      ▼
形式を整える
      ▼
口頭発表の練習             （ピア活動⑧）
      ▼
口頭発表本番               （ピア活動⑨）
```

図1　プロセス・ライティングとピア活動／ピア・レスポンス

　本コースでは文章作成のプロセスに7回、口頭発表の学習に2回のピア活動およびピア・レスポンスを組み込むことができた。学生にはコース中、複数回のピア活動を経験させるので、これまで未経験だった学生もコースを通して学習形態に次第に慣れていく。しかしながら、ただ回数を重ねることだけでは不十分である。ピア活動は東アジアの学生にとってはこれまで経験してきた学習観とは大きく異なるものであり、しかも、表現の学習は学生自身

の内面にかかわる部分が大きいので、活動に参加する学生の情意面への配慮が必要となる。このコースデザインのように、まだ文章化前段階の自己開示性の低いプロダクトをもとにピア活動を行うようにすれば、学生の心理的な抵抗感や緊張が緩和されやすい。

(2) ③協働活動の意義・態度の奨励

　協働活動の意義の理解については、コース前半にとくに集中した丁寧な指導が必要である。たとえば、コース初日にある程度まとまった時間をかけて協働とその学習方法の意義の解説を行う。また初日の説明だけでなく、ピア活動のたびに相互活動の利点について考えさせたり、活動後の内省課題としたりして適宜機会をみて理解の促進をはかった。

　以下は、初回の授業でピア活動の理解を促すことを狙いとして、教師が読み上げるテキストの一部分である。

『ピアで学ぶ大学生の日本語表現』 p.3 より
「このテキストを通じて行うピア活動」
　ピアとは、仲間(Peer)の意味です。「ピア活動」とは仲間同士が、話し合いを通じて、協力的に学習を行う方法です。ある個人がもつ知識は、その人の学習やこれまでの体験を通して得られたものです。ピア活動ではそうしたひとりひとりの知識を出しあって、問題を検討します。では、知識を多くだしあえば、それでよいのかということになりますが、話しあうのはそれだけが目的ではありません。講義をするということは、ある問題についてどんな知識があるか、その知識を　…以下省略…

『ピアで学ぶ大学生の日本語表現』 p.27 より　「話しあいのときの注意」
　話し手のコツ：相手に語りかけるように話すこと。話すことばかりに集中しす
　　　　　　　ぎて、相手の感想や意見を聞き逃すことのないように注意する。
　聞き手のコツ：まずは、相手の言いたいことを受け入れる気持ちで聞くこと。
　　　　　　　面白いところ、賛成したいところを探しながら質問してくこと。
　　　　　　　小さなことでもほめること。　…以下省略…

(3) ④協働活動のスキルと活動展開の明示

　活動スキルと活動の手順については、複数回のピア活動を設定する中、できるだけその都度提示することにした。未経験の学生であっても、独自にそのスキルを開発していく学生もいないとは言えないが、できるだけ明示的にすることで、学生の意欲を削ぐことなく参加を促す支援ができると考えられる。手順など展開に関する指示は、活動に慣れてくればもちろん必要がなくなる。実際、活動が活発になってくると、どんどん話題が深まるので、検討事項として教師が示したものすべてを扱う必要はないので、そのことを学生には告げておいた。

『ピアで学ぶ大学生の日本語表現』　6課　p.50 より
「アウトラインの検討をピア・レスポンスでやってみよう。」
【手順】
①仲間とペアになって、お互いのアウトラインを読んでみる。
②1人が自分のアウトラインについて説明する。もう1人が聞き手になる。
③聞き手は、相手のアウトラインを再生する（再生の途中で、書き手に質問や確認も可能）。　…以下省略…

　上の6課の例では、仲間のアウトラインを検討する手順が明示されている。この中に「相手のアウトラインを再生する」とある。再生行為は互いの文章を検討する際、仲間の書いたものを自分が適切に理解しているかどうかを確認するスキルをもちいて行う口頭発表である。ここでは、仲間の書いたアウトラインを自分の言葉で再生する課題を設定した。互いの文章を検討する際、仲間の書いたものを自分が適切に理解しているかどうかを確認するスキルとして、自分の言葉で再生する課題が設定してある。内容の再生という行為を通して、疑問点や不備な点を発見していく方法である。こうした活動展開の提示だけでなく、授業展開もテキスト中に明示した。毎回の授業展開をある程度一定にすることによって、学生がその日の授業全体の流れを把握し、自律的に学習を進めるための支援ともなる。1回の授業は次ページのよ

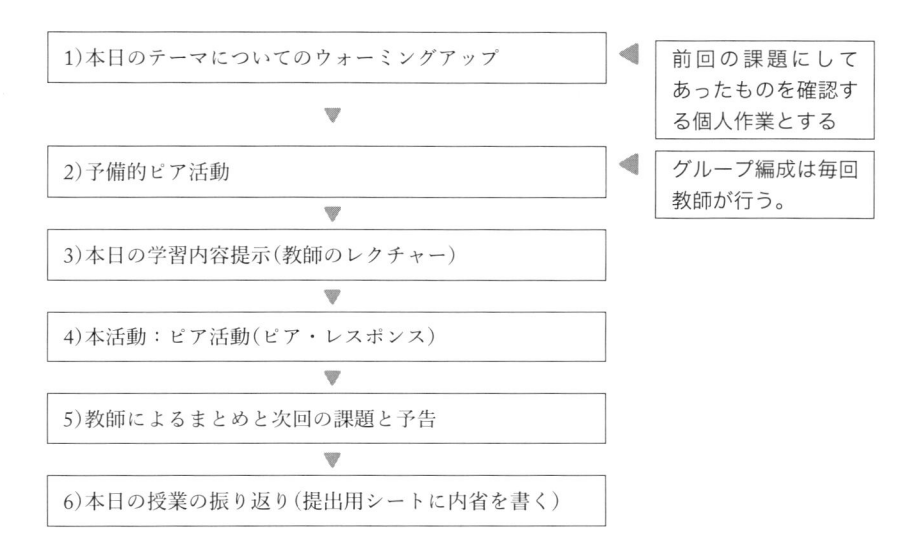

```
1) 本日のテーマについてのウォーミングアップ  ◀ 前回の課題にして
                                              あったものを確認す
                                              る個人作業とする
            ▼
2) 予備的ピア活動                              ◀ グループ編成は毎回
                                              教師が行う。
            ▼
3) 本日の学習内容提示（教師のレクチャー）
            ▼
4) 本活動：ピア活動（ピア・レスポンス）
            ▼
5) 教師によるまとめと次回の課題と予告
            ▼
6) 本日の授業の振り返り（提出用シートに内省を書く）
```

うな展開で進める枠組みをとった。

　このように、毎回の授業展開を一定にしておくことで、学生は学習の枠組みを把握しやすくなり、理解に集中するときと活動に集中するときが明確になると考えた。

　以上、活動デザイン、授業デザイン、コースデザインについて4つの具体的な提案を述べてきた。しかしながら、本コースを協働学習の考え方に基づいて進める上では、こうしたコースデザインも授業デザインもあくまで教師がもつ原計画であり、実際には学生の主体的な学習を支援するために、その日の状況、授業の進度に合わせて大きく変更する部分が出てくるのが通常である。

5　この本の中の「協働的アプローチ」による授業のデザインの事例

　前節までは、大学の基礎科目としての表現法授業にピア・レスポンスを取

り入れた協働学習デザインについて筆者の実践事例を紹介してきた。以下、本章に取りあげた協働学習の事例を紹介する。2章1節「プロセスを重視してレポートを作成する」は、本章の事例と同じ教室を扱ったものである。仲間同士が互いの文章をもとにピア活動の中で批判的思考を活性化しながら作文のプロセスを進んでいく実態が紹介されている。また、2章2節「相互活動によって口頭発表の方法を学ぶ」では、表現法授業においてアカデミックな口頭表現の学習として、教室で仲間を聴衆とし、自分で書いたレポートのプレゼンテーションを行う学習を紹介している。これは発表者と聞き手の立場から、専門的な内容をそれを専門としない人にいかにわかりやすくプレゼンテーションするかを学びあう学習である。2章3節「看護学部の表現技術教育でピア活動を行う」では、看護を専門とする学生のアカデミックな文章力育成および対人援助の重要な手段となる言語コミュニケーションの態度と運用力育成を目指す授業において、協働学習を採用した事例が紹介されている。

　さらに、この章のコラムとしては次の3つがある。2章4節「ピア活動の意見交換の特徴と活動の指示」では、ピア活動が実際にどのように展開しているのかを会話データによって解説している。2章5節「留学生と日本人学生のピア活動の留意点」では、言語形式に不安をもつ留学生と日本語を母語とする日本人学生とが互いのテキスト推敲のために日本語を対話の手段とし、どのようなやり取りを行っているかを解説するものである。2章6節「チーム・ティーチングでの教員の協働」は、表現法授業を担当する言語教員と専門分野の教員とが、実際に授業の中でどのような協働によって授業を進めているのかの事例を紹介したものである。

　なお、協働的アプローチで授業をデザインする事例については、表現法科目以外の授業へ応用したものもある。例えば、筆者の実践では、「水圏環境コミュニケーション学」科目(東京海洋大学　2008)や大学と地域との協働プロジェクトにおいて実施した学びの場(東京湾サイエンスカフェ)のデザイン(池田　2012)などがあるが、本書では紹介しきれなかった。参考文献に

加えるので参照してほしい。

注
(1)　杉江は、及川平治(1915)の「分団式各科動的教育法」の記述や斉藤・清水(1915)、木下竹次などの実践は協同学習に基づいていたとみている。なお、及川や斉藤・清水の実践については筆者はその文献にあたることはできなかった。

参考文献
池田玲子(1999)「ピア・レスポンスが可能にすること　中級学習者の場合」『世界の日本語教育』9: pp.29–43. 国際交流基金.

池田玲子(2012)「コミュニケーションの場をつくる　大学と地域の協働によるデザイン」川辺みどり・河野博編著『江戸前の環境学海を楽しむ・考える・学び合う』東京大学出版会.

池田玲子・舘岡洋子(2007)『ピア・ラーニング入門―創造的学びのデザインのために』ひつじ書房.

伊藤昭彦(2003)「地域協働を推進する学校の基本デザイン」木岡一明編『学校を取り巻く環境の把握と地域協働』pp.98–105. 教育開発研究所.

井上　繁(2002)『共創のコミュニティ　協働型地域づくりのすすめ』同友館.

延藤安弘(2001)『まち育てを育む　対話と協働のデザイン』東京大学出版会.

大島弥生・池田玲子・大場理恵子・加納なおみ・高橋淑郎・岩田夏穂(2005)『ピアで学ぶ大学生の日本語表現法―プロセス重視のレポート作成』ひつじ書房.

片岡徳雄・南本長穂(1979)『競争と協同―その教育的調和をめざして』黎明書房.

亀口憲治(2002)「概説　コラボレーション―協働する臨床の知を求めて」『現代のエスプリコラボレーション　協働する臨床の知を求めて』419: pp.5–31. 至文堂.

亀田達也(2000)「協同行為と相互作用―構造的視点による検討」植田一博・岡田猛編著『協同の知を探る―創造的コラボレーションの認知科学』共立出版.

佐藤公治(1999)『対話の中の学びと成長』金子書房.

シャラン, Y. & シャラン, S.(石田裕久・杉江修治・伊藤篤・伊藤康児訳)(2001)『「協同」による総合学習の設計―グループ・プロジェクト入門』北大路書房.

ジョンソン, D. W., ジョンソン, R. T. & スミス, K. A.(関田一彦監訳)(2005)『学生参加型の大学授業―協同学習への実践ガイド』玉川大学出版部.

杉江修治(1999)『バズ学習の研究―協同原理に基づく学習指導の理論と実践』風間書房.

杉江修治・関田一彦・安永悟・三宅なほみ(2004)『大学授業を活性化する方法』玉川大学出版.

舘岡康雄(2006)『利他性の経済学―支援が必然となる時代へ』新曜社.

タム, J. W. & リュエット, R. J.(斉藤彰悟監訳・池田絵美訳)(2005)『コラボレーションの極意』春秋社.

東京海洋大学(2008)『文部科学省現代GP 現代的教育ニーズ取組支援プログラム選定事業 水圏県境リテラシー教育推進プログラム 平成20年度報告書』東京海洋大学.

日本協同教育学会(2006)『協同学習法ワークショップ 初級用資料 理論編』

野沢聡子(2004)『問題解決の交渉学』PHP研究所.

人見剛・辻山宣(2000)『協働型の制度づくりと政策形成』ぎょうせい.

ヘイズ, R. L.・高岡文子・ブラックマン, L.(2001)「協働(コラボレーション)の意義―学校改革のための学校 大学間パートナーシップ」『現代のエスプリ―学校心理臨床と家族支援』407: pp.99-112. 至文堂.

松下温・岡田謙一編(1995)『コラボレーションとコミュニケーション』共立出版.

Lepper, M.R. and Whitemore, P. C.(2000)「協同―社会心理学的視点から」植田一博・岡田猛編著『協同の知を探る―創造的コラボレーションの認知科学』共立出版.

Ohta, A.S.(2001)*Second Language Acquisition Processes in the Classroom: Learning Japanese.* Lawrence Erlbaum associates, Mahwah, New Jersey.

Oxford, R.(1997)Cooperative Learning, Collaborative Learning and Interaction: Three Communicative Stands in the Language Classroom. *The Modern Language Journal*.81, pp.443-456.

2章1節　プロセスを重視して
レポートを作成する

大島　弥生

- ▶ レポートと発表の作成のプロセス全体を1学期通して扱う
- ▶ プロセスに協働的アプローチの活動を何度も取り入れる
- ▶ 読み手を意識して書く
- ▶ パラグラフ・ライティングによる論証型のレポートを書く

1　授業のデザイン

1.1　どんな授業か

　この授業は、「1年生にレポートの書き方や発表・討論のし方を教える」ことを目的に開設された1年生前期必修科目（30–50名のクラスに教員2名）の例である。ここでは、1編の長い文章を書くプロセス全体を授業内で扱い、その過程で教員からのコメントや学生同士の相互コメントを取り入れて、何度も文章を練り直すというデザイン（プロセス・アプローチ）を採った。

1.2　なぜこのデザインを選んだか

　大学入学者の多くは受験のための400–800字程度の小論文の指導を受けてきており、慣れている。しかし、自分で問題を設定し、情報を収集し、構成を考えながら長い文章を練りあげた経験はほとんどない。インターネット検索の技術は年々上がっているが、情報の信憑性や剽窃に対する意識は低い。何も指示しないまま放っておくと、切り貼りだけで文章を作ってしまう。また、作文や小論文は常に「とにかく先生に出せば終わり」だったので、「読み手を意識して書く」という意識が乏しい。そこで、この実践では、「読

み手を説得するために論証を行う」ことを目的として、レポート作成過程で「自分で問いを切り出す」「書く前に構成を練る」「取り入れた情報は出所を明記し、引用の書式にしたがって書く」「書き終わったら推敲する」などの点を強調するようなデザインとした。同時に学生間の協働（ピア）活動も複数回取り入れた（2章イントロダクション参照）。

1.3　授業の手法選択の背景にある理論や考え方

　この指導法には、熟達した書き手が文章を作成するプロセスの研究が反映されている。ここで扱う論証型のレポートの文章の型とその指導法については、木下（1994）の目標規定文、構成（序論・本論・結論）など、入部（1996、2002）、荒木・向後・筒井（2000）からは構想マップ・思考マップなど、各種の先行研究からアイデアを得ている。

1.4　これまでの実践の問題点

　従来の「文章」の訓練では、短い作文への教師添削を繰り返すケースが多かったが、これでは「調べる」「練りあげる」「論証する」訓練が少ない。日本人大学生も留学生も、一般的に、「自由に気持ちや意見を述べる」作文の経験は相対的に豊富だが、「色々な情報を点検吟味しながら論を構築する」長文の経験は少ない。また、書いた文章は常に「先生が読んで採点するもの」であって、「学生がお互いに読みあうもの」ではなかった。

1.5　この実践での改善点

　この実践では、レポート作成過程に沿って互いに「書き手／読み手」・「話し手／聞き手」になる活動を盛り込むことにより、「読み手を説得するために調べて練りあげる」訓練とし、その中で、「論理的な、説得力のある文章」の書き方の習得をめざした。また、論証を目的としたパラグラフの書き方を導入し、単に「気持ちを自由に述べる」タイプの文章を避けた。

　このような授業方法には、20人程までの小規模クラスか、または複数の

ファシリテーターがいる中規模クラスが望ましいだろう。もし、小規模クラスやチーム・ティーチングが実現できない場合は、ティーチング・アシスタント(TA)として大学院生や先輩学生を活用する方法がありうる。京都精華大学の実践はこの手法で成果をあげている。

2　授業の内容と流れ

2.1　授業の流れと留意点

| 【第1週】「知る」段階
・大学でどんな文章力が必要か考えさせる
・コースの目的と全体像を知る
・各自のテーマを考え始める | ◁ | 導入段階の鍵は目的と課題提出方法の明示。心理的な垣根を越えることが大事。 |

▼

| 【第2-3週】「練る」「調べる」段階
・情報収集と整理のし方を導入
・「構想マップ／思考マップ」でテーマを練る
・ピア活動でテーマについて質問しあう | ◁ | 図書館や情報処理センターとの連携が鍵。書き手自身がなぜそのテーマが気になるのか考え、それを伝えあう過程が大事。 |

▼

| 【第4週】「しぼる」段階
・情報カードの分類からテーマをしぼる
・「問いと答え表」で問いを切り出し、「目標規定文」に落とし込む | ◁ | 情報のカード化が十分でないと、問いに結びつかない。目標規定文へのコメントや助言が大事。 |

▼

| 【第5-6週】「組み立てる」段階
・論証の形を繰り返し導入
・アウトライン第1稿をピアで推敲
・アウトライン第2稿を十分書き込む | ◁ | 組み立てを口頭と紙上で何度も練り直すのが大事。場合によっては目標規定文に立ち戻って修正が必要。 |

▼

46　2章　協働的アプローチで授業をデザインする

| 【第7-9週】「書く」段階
・パラグラフの書き方を知る
・下書きと図表を作成する
・引用のし方、文献リストの書き方 | ◁ | PCスキルの差などによって学生の進度に違いが出る。個別対応も必要。中心文やつなぎの文、図表の説明など、必須部分を押さえる。 |

▼

| 【第10週】「直す」段階
・「読み手の目」を意識する
・語や文を点検するポイントを知る
・書式と体裁を整える | ◁ | 今後独力で点検推敲できる力をつける。文や書式を整えるのは「読み手への配慮」だと強調。 |

▼

| 【第11-12週】「発表する」段階
・何のために発表するかを考える
・OHPやスライドの作成、発表練習
・お互いの発表にコメント、議論 | ◁ | 質問は相手の発表への貢献であることを強調。もらったコメントを完成稿に活かす。 |

▼

| 【第13週】「振り返る」段階
・発表でのコメントを受けて手直し
・完成原稿を学生相互で推敲
・プロセスで学んだことを確認 | ◁ | 長いプロセスで消化不良になりがち。自己評価を通じて要点を押さえ、次につなげさせる。 |

3　この事例で用いた活動

　この実践では、「書き始める前に内容を練り、論旨を組み立てる」ことを重視した。そこで、一連のレポート作成プロセスの中から、「練る・組み立てる」段階のものを選んで紹介する。

3.1 活動①「目標規定文」を作る
◇活動の特徴と目的

　レポートの組み立てに入る前に、目標規定文(木下1994)を作成する。この目標を達成するために書くということが決まれば、それに十分な情報・資料が収集・配列できているかを、書き手も読み手も検討しやすくなる。

【目標規定文モデルの1例：『ピアで学ぶ大学生の日本語表現』の目標規定文のモデル】

　「このレポートでは、X（特定の問題）：（行為主体は）〜すべきか/すべきではないかについて論じる。Y（Zと主張する根拠）を考察し、Z（Xの問題に対する自分の主張）：（行為主体は）〜すべきである/すべきではないという結論を導く」 p.39 より

◇活動の手順

1) 〈問いと答え〉構成表をよく眺め、自分がレポート全体で、何について、どんなことが言いたいのか考える。
2) 考えた内容を例のような形式に当てはめて、文にしてみる。その文で仮に目標を規定しておく（宿題でもよい）。
3) ペアで文を説明しあって、再検討してもよい。

◇目標規定文の例と留意点

このレポートでは、マングローブを守るため、日本の消費者はエビを食べるのを減らすべきかについて論じる。マングローブ林の重要性とエビ輸入のもたらす現地の環境への悪影響を考察し、日本の消費者はエビを食べるのを減らすべきだという結論を導く。	このあとアウトラインを練りあげていく過程で、論旨展開が変わってくれば、目標規定文も変える必要がある。左の例も、とりあえずの取っ掛かりとして作ったものだ。とはいえ、目標を定めずに書き始めると、ただ、だらだらと説明を続けてしまう。論旨を修正していく過程を重視させたい。

なお、もしクラスの条件が違う場合は、目標規定文の中に指定する内容を変えれば、論題の難度を調整できる。

3.2　活動②　「アウトライン」第1稿から第2稿へ

◇活動の特徴と目的

構成を考えることは文章指導でよく行なわれるが、ここでのポイントは、第1稿を学生同士で読みあってコメントを交わし、それを第2稿に反映させることである。自分のアウトラインを直す過程だけでなく、相手のものへのコメントや質問を考える過程でも、「構成を検討する眼」が培われる。

◇活動の手順と留意点

1) 教科書のさまざまなアウトラインの例を分類し、アウトラインとは何か、なぜ必要かを学ぶ。
2) 教科書のアウトライン・モデルで必須の要素を知る。
3) 必須の要素を盛り込みながら自分のアウトライン第1稿を作る（宿題になる場合が多い）。
4) 翌週、学生同士、お互いのアウトライン第1稿を見せあいながら、自分の論旨を説明する。
5) 聞いた側は、相手のアウトラインを口頭で再生する。
6) お互いに質問やコメントを交わす。
7) もらった質問やコメントを参考にアウトラインを再考し、第2稿を作成する（宿題になる場合が多い）。

> 4)5)6) 単に自由に意見を言いあうのではなく、論旨の再生や質問に重点を置くとよい

3.3　課題レポートのアウトラインの枠組

　課題レポートの枠組の選択によって、課題達成までに行う、「ことば」と「内容」の組み立てと点検の活動の性質も変わってくる。たとえば、「〜について」というレポートを課題にすると、調べた内容を説明的に羅列する文章になりやすく、学生自身が論を構築する訓練としては弱くなりがちだ。

◇課題の特徴と目的

　本実践の課題レポートは、「(行為主体)は〜を〜すべきか」という題目で、「すべきか否か」を論じていく論証型のレポートである。パラグラフ・ライティングの基本形に基づき、序論・本論・結論の各部分に下表のような要素を入れることが要求されている。また、本論の各パラグラフは、中心文による重点先行の文章で、主張に理由づけと根拠(データや例など)を配する形にすることが求められている。

◇課題レポートのアウトラインを組み立てる中で行われる点検

　このような課題枠組の中で、学生は自己のアウトラインを点検したり、ピア活動の中で、相手のアウトラインを点検したりする。ここで想定されている自己や相手への質問は、たとえば表1右欄のようなものだ。

　表の右欄の「点検を通じて行われる質問」の中の＿＿＿線部分はおもに「ことば(表現・構成の適切さ)」の面の点検・吟味、＿＿＿線部分はおもに「内容(知識・情報の妥当性)」の面の点検・吟味であるといえる。このように、パラグラフ・ライティングによる論証を指導する際には、「ことば」だけの指導とはなりえない。「内容」と「ことば」の両面から点検・吟味・推敲を繰り返すような授業デザインが必要となってくる。

　なお、課題のアウトラインを変えれば、点検・質問を通じて行われる学習の内容も変わってくる。また、論証ではなく、たとえば「子供たちにわかりやすく伝える」文章というように枠組を変えれば、別の点検・質問が生じ、学習過程も異なるだろう。

表1　レポートのアウトラインの例とその点検を通じて行われる質問

課題アウトラインのモデル (題目)「(行為主体)は～を～すべきか」	点検を通じて行われる質問
Ⅰ．はじめに(序論) 　テーマ選択の理由、問題の背景、問題提起、 　目標規定文、キーワードの定義など	この題は論じる意義があるか？ 文章の目標規定は明確か？ 意義のある問題提起か？ キーワードの定義は妥当か？
Ⅱ．○○面での△△(本論) 　主張＋理由＋根拠(データ・例など) 　予想される反論とそれへの反駁 Ⅲ．○○面での△△(本論) 　主張＋理由＋根拠(データ・例など) 　予想される反論とそれへの反駁	主張は一貫しているか？ 主張に十分な理由があるか？ その例で何を言いたいのか？ その事例は主張を支えるか？ そのデータの信憑性は？ その情報の出所は？ 反論を十分予想しているか？
Ⅳ．おわりに(結論) 　問題提起に対する答え 　(文献リスト)	結論で問題提起に答えているか？

3.4　評価方法

　この実践では、成績評価の割合を、作成過程を重視して、毎回の提出用シートと途中提出物(出席・授業態度を含む)40％、最終レポート40％、口頭発表20％とした。また、レポートと発表の評価観点も、開始時に明示した。

〈レポート〉

①説得力：目標達成度、論理の展開、一貫性、情報収集力、情報の吟味等
②読みやすさ：重点先行、明瞭なパラグラフ構成、明瞭な中心文等
③明晰さ：事実と意見の区別、客観的な理由・証拠の有無と妥当性等
④文・語彙・文体：多義性の排除、ねじれのない文、簡潔な文、つながり、
　　誤字脱字のなさ、文体・語彙の適切性、記号・文字表記の適切性等
⑤マナー：体裁(表紙、レイアウト等)、字の読みやすさ、提出期限厳守
⑥引用の適切性：文献リストと引用等の扱い等

〈口頭発表〉
①態度：姿勢、視線、堂々としているか、語りかける態度等
②話し方：声の大きさ、発音の明瞭さ、適度な強弱、語末が伸びないこと等
③わかりやすさ：話し言葉としての工夫、時間配分、スピード等
④レジュメ：内容の分かりやすさ、語句の適切性、レイアウトの適切性等

　もしゼミなどで行う場合は、上記のような「ことば」中心の評価項目だけでなく、内容面への評価の比重を増すこともできるだろう。

4　実施してみてわかったこと

4.1　学生が課題に取り組む過程から

　学生が13週かけてレポートを書くプロセスを観察して、取り組み方にいくつかのタイプがあることに気づいた（観察に基づく主観的印象だが）。まず、プロセスをクラス全体でたどっていく中で、授業の進度に乗れる人と乗れない人が出てくる。乗れないタイプには、単なる「手抜き型」「締め切り意識希薄型」だけでなく、「構想膨らみすぎ型」「完ぺき主義による行き詰まり型」「問題意識の欠如による無テーマ・無動機型」などがあった。指示された課題への対応も、「指示通りきっちりこなす型」「自己流貫徹型」とそれらの中間に分かれる。最終的な完成レポートについても、よく情報を消化して主張に基づいて配列したものももちろんあるが、「情報の羅列型」「後半息切れ型」「語り先行型（発表はうまいが、長い文章ができあがらない）」などもあった。

　プロセス・アプローチにおいては、本来なら、各自の思考と文章作成の過程を重視して、クラス一律の進度設定は避けるべきなのかもしれない。しかし、現実には、ある程度「無理やりクラスの進度についてこさせる」面も生じてしまう。このへんのバランスが、難しいところだろう。

4.2　コース終了後の学生の反応から

　最後の授業でのアンケートで履修者から「この授業で楽しかったこと、つまずいたこと、もっと学習すべきこと」を選択肢からあげてもらった。「楽しかったこと」としては、完成レポート提出時の達成感のほか、学生相互のピア活動(相互コメント、発表を聞く等)、準備段階の作業(構想マップ等)が多くあげられていた。また、「つまずき」としては、自己の発表のほか、レポートそのものを書く段階の作業(特に、アウトライン、引用、下書き等、情報をレポートに取り入れて組み立てていく過程の作業)と準備段階の情報収集が上位にきた。一方、「もっと学習すべきこと」には、練習回数の少なかった発表のほか、引用・書式のような、レポート・論文ジャンル特有の表現方法をあげたものが多い。多くの学生は、お互いに関わりあいを楽しみつつも、レポート作成・発表へのプロセスの中で困難を体験し、新たな学術的文章ジャンルの表現の形式を獲得する必要性を認識したことがわかる。

　また、「レポートを書く力の変化」についてのアンケートの記述からは、「筋道を立てて書けるようになった／まったく書き方がわからなかったが、少なくともながれみたいなのはつかめたと思う／全体を考えて書く力がついた／文と文の間をつなぎを使ったり、論理的にしようと心がけたりできるようになったと思います」などの構成・論理性の獲得や「説得力がついたと思う／客観的な視点を意識するようになった。主張を続ける文というより、1人ディベートのような文を意識するようになった／主張の述べ方が慎重になった」といった説得力の変化について言及したものが多かった。ほかには、「文献の引用法がまともになった／今まで知らなかったルールが多かったので、それを学べたのは良かった」などの書式・引用・ルールの面の変化、内容面の「変わった。内容がふくらむようになった」といった変化に言及したものなどがあった。授業のやり方については、協働活動のほか、「毎週課題や、レポートを出させたこと。実際大変だったが、今となっては怠慢にならずにすんだ原因だと思う」というような段階的な課題の進めかたを肯定的に評価するものが見られた。

4.3 教師間の話し合いから

1年目の授業のあと、教師間で話し合ったところ、下図左のような問題が見えてきた。そこで、下図右のような改善を行った。

①半期の授業の途中で、「ゴールが見えない」不安感がある ②最終日にレポート提出だと、ただ書いただけで終わり ③論題のトピック範囲が自由だと、拡散しすぎてコメントしにくい ④インターネットからの切り貼りだけのレポートがある	①教材に、成績評価基準、課題レポート完成形のモデルを盛り込み、プロセスの全体像を繰り返し提示するようにした ②レポートの下書き完成と口頭発表を早め、発表へのコメントを推敲に活かしてレポートを完成させるようにした ③大テーマを「海・食・環境」関連にしぼり、目標規定文に「誰が〜すべきだ」の行為主体も明示させるようにした ④インターネットのみに基づくレポートを禁止し、2冊以上の文献を調べることを必須とした

実施してみて、プロセス・アプローチの活動では、目標と目的を、担当者と学生により明確に伝えておく必要があることがわかった。

5 まとめと応用・発展の可能性

5.1 たとえば1年生の通年の授業が可能だったら

難度が異なる2編のレポートを各学期に書くこともできる。たとえば、1年生前期は「この大学で私が達成したいこと」「この大学の魅力は何か」といった負荷の小さい論題で書き、パラグラフ作成の基本を押さえ、プロセスを一通り体験する。後期は専門の入り口となるような論題で「日本政府はYを実施すべきか」「私たちの住むX市はYを導入すべきか」というようなレポートを書かせる。そのプロセスで、図書館を活用した情報収集やディベートを本格的に導入することも、時間的に可能となるだろう。

5.2　たとえば 2–3 年次の専門科目や演習科目だったら

　仮に「ジェンダー論」や「遺伝子科学」という科目でプロセス・アプローチを取り入れるとする。最初の週に「私の考える男女平等」「遺伝子科学の未来像」といった大テーマで小論文を書かせる。その後、数週間新しい概念や知識の導入を経た後に、同テーマの中から争点を各自で決めさせ（あるいは、教師が争点例を論題として提示し）、小論文かレポートを課す。クラス内にいくつかのグループを作って、グループ内でのピア活動を行い、各自の文章に修正や追加を入れさせる。この後の授業で、さらに、争点に関わる新知識を教師が示してもよい。最後に、最終的な文章と最初の小論文とを各自で比べさせ、2 つの文章に反映する論理や知識の違いについて振り返らせる。単方向的な知識伝達型の講義よりも、その過程での自分自身の知識や思考の変化が如実に文章に表れるので、印象にも残り、積極的な参加が促せる。

5.3　まとめ

　ここでのプロセス・アプローチの捉え方は、「きれいな文章がうまく書けるようになる」というものではない。文章はその時考えたことを可視化する手段であり、文章を練っていくことで思考を練りあげ、情報・知識を配列していく行為を同時に行うことをめざしている。その意味では、大学のすべての科目において（部分的であっても）取り入れ可能な手法だといえる。

注

1　このコースデザインは、担当講師全体の討議の結果（ピア・レスポンスは池田玲子氏、影山陽子氏の発案であり、パラグラフの指導案は、おもに加納なおみ氏、大場理恵子氏の発案による）によるものである。個々の学習活動の詳細は、大島ら（2005）を参照されたい。

参考文献

荒木晶子・向後千春・筒井洋一(2000)『自己表現の教室―大学で教える「話し方」「書き方」』情報センター出版局.

井上尚美(1989)『言語論理教育入門―国語科における思考』明治図書出版.

井下千以子(2005)「学士課程教育における日本語表現教育の意味と位置―知識の構造化を支援するカリキュラムの開発に向けて」『大学教育学会誌』(27)2: pp.97–106. 大学教育学会.

入部明子(1996)『アメリカの表現教育とコンピュータ―小・中・高・大学の教育事情』冬至書房.

入部明子(2002)『論理的文章学習帳―コンピュータを活用した論理的な文章の書き方』牧野出版.

大島弥生(2005)「大学初年次の言語表現科目における協働の可能性―チーム・ティーチングとピア・レスポンスを取り入れたコースの試み」『大学教育学会誌』(27)1: pp.158–165. 大学教育学会.

大島弥生(2010)「大学初年次のレポートにおける論証の談話分析」『言語文化と日本語教育』39: pp.84–93.

大島弥生(2011)「大学生の文章に見る問題点の分類と文章表現能力育成の指標づくりの試み―ライティングのプロセスにおける協働学習の活用へ向けて」『京都大学高等教育研究』16: pp.25–36.

大島弥生・池田玲子・大場理恵子・加納なおみ・高橋淑郎・岩田夏穂(2005)『ピアで学ぶ大学生の日本語表現―プロセス重視のレポート作成』ひつじ書房.

学習技術研究会(2002)『知へのステップ―大学生からのスタディ・スキルズ』くろしお出版.

木下是雄(1994)『レポートの組み立て方』筑摩書房.

山崎信寿・富田豊・平林義彰・羽田野洋子(2002)『科学技術日本語案内　新訂版』慶應義塾大学出版会.

〈参考になるウェブサイト〉

高知大学「日本語技法の広場」のサイト　http://sc1.cc.kochi-u.ac.jp/~yoshikur/gihou.html

〈研究会・学会〉

　初年次の科目のデザインについては、大学教育学会、日本リメディアル教育学会、日本教育工学会、日本国語教育学会大学部会、初年次教育学会などに関連する実践の情報の集積がある。

2章2節　相互活動によって口頭発表の方法を学ぶ

岩田　夏穂

▶ 協働活動を通して口頭発表の計画と練習をする
▶ 聞き手の立場を意識した発表の方法を学習する
▶ 学習者同士の相互評価をレポートに生かす

1　授業のデザイン

1.1　どんな授業か

　この授業では、大学生が大学の授業内や公的な場で行う口頭発表に関して、必要な知識とスキルの獲得を目指す。その特徴は、以下の3点である。

　まず、第1に、よい発表ができるようになることのみを目指すのではなく、聞き手の立場での学びをも重視した。そのために、発表者・聴衆間の協働学習によって準備を進めた。

　第2に、このコースの口頭発表の学習は、「表現法」の授業の中でレポート作成の学習と統合する形をとっている。具体的には、この口頭発表の学習をレポート全体の下書きができた段階で行い、清書に向けての最終推敲のために互いに検討しあう場として位置づける。

　第3の特徴は、発表の場をどう運営するかという場の設定についても学習の項目の一部としたことである。

　以上3つの特徴を持った口頭発表の学習を行った実践について、どのような目標を立てたのか、実際にどのように授業を進めたのかについて報告する。

1.2　なぜこのデザインを選んだのか

　大学、そして社会に出てからもさまざまな場面で要求される「まとまった内容を制限時間内でわかりやすく述べる」行為は、たとえば、ゼミでの実験レポートの報告、学位論文や学術論文の口頭発表、企画書に基づくプレゼンテーション等、ほとんどの場合、文章作成とセットで行われると考えられる。この授業でレポート作成プロセスに口頭発表を組み込むことは、上記のような現状を反映しているため、発表経験がほとんどない大学初年次の学生に学習の動機付けができる。

　また、清書前に口頭発表を行うことで、レポート作成の協働活動で学んだこと(「読み手の立場に立って書き方、伝え方を調整する」「相手の内容を批判的に検討してフィードバックする」「読み手のアドバイスを文章に生かす」等)を、今度は聴衆に向けて話すときに生かすことができる。たとえば、ペアの協働活動では、理解の問題をその都度参加者間で修正できる。しかし、口頭発表の場合、時間内に最後まできちんと相手にわかってもらうには、聞き手にとってどこが理解しにくいかを先回りして考え、準備しなければならない。このように、レポート作成で繰り返し意識してきた一連の作業を、今度は聴衆である聞き手に向けて自分で考えるのである。

　学術場面での口頭発表は、発表者が聴衆、あるいは参加者に対し、報告事項や自分の考えを伝えるための方法だと理解されている。言うまでもなく、伝える行為は、相手に理解を求めることを意図しているものであり、さらに言うならば、相手に自分の考え方を納得、同意、支持してほしいという要求が込められているものであろう。したがって、発表者は、聞き手となる聴衆や参加者のことを念頭におき、自分の発表内容をいかに効率よく、効果的な方法で発表するかを計画し、練習する必要がある。計画・準備段階では、自身の発表内容や手順を検討することに目が向けられがちであるが、対象者がどのような人なのかを分析すること、あるいは発表の場となる会場の条件は何かを考慮すること等も重要である。

2 授業の内容と流れ

　口頭発表の本番では、発表者は、配付資料およびOHPやパワーポイント等の提示用資料を用意し、5分の口頭発表、そして質疑応答を行う。聴衆役の学生は、各発表について質問、コメントを書き、発表者に渡す。また、発表者以外の学生は、各自担当を受け持ち、会場の設定、進行、撤収作業を行う。

　当日の前述の手順をスムーズに進めるために、発表会の2週間前に資料の準備を指示し、1週間前の授業で発表と進行の練習を行った。発表当日までの流れを簡単にまとめると次のようになる。

```
【発表2週間前】
・提示用資料のファイルの作成方法を示し、作成は次
　週までの宿題とする(活動①)
          ▼
【発表1週間前】
・パワーポイントのファイルを、当日使用するパソコ
　ンに保存する
・当日の役割分担を決める
・本番のように予行練習する(活動②)
          ▼
【発表当日】
・会場設営・発表会の運営と発表を行う(活動③)
          ▼
【発表後】
・優秀者を投票で決める
・自分の発表の振り返りをする(活動④)
```

3 この事例で用いた活動

3.1　活動①　発表準備をする(提示資料・配付資料)

◇この活動の特徴と目的

　表現法の授業は大学初年次を対象としており、人前での発表が初めてとい

う学生も少なくない。そのため、まず、どのような口頭発表が分かりやすいのか、イメージを持たせることが必要となる。そこで、発表準備に入る前に発表の分かりやすさについて考え、意見交換する活動を行う。活動の流れは下記のとおりである。

◇活動の手順と留意点

1) 発表の分かりやすさに関わる下記項目について、まず各自で考えてから、小グループで意見交換をする（『ピアで学ぶ大学生の日本語表現』11課、課題1: p.96 より）。 　① 聴衆について知っておくべきこと 　② 会場の条件や用具 　③ 話し方と態度 　④ 内容の構成 　⑤ 用意すべき資料	1)①や②は、いくつか具体例を出すとわかりやすい。たとえば、聴衆が小学生と社会人の場合、自分がどう話し方を変えるかに気づかせると、この課題で何を考えるべきかが理解できる。
2) 配付用資料作成導入：レジュメ等の役割を説明し、何を入れるべきかを示す。	
3) 展示用資料（OHP、パワーポイント等）の作成：会場の広さ、人数との兼ね合い、配付用資料の情報の重なり、時間配分等、注意点を示す（同テキスト 課題2 : p.96 より）。	2)3) 提示用資料のファイルのサイズは、パワーポイントでシート6–9枚程度とした。
4) 具体的な作成方法を見本を見せて指示し、作成は宿題とする。予行練習に使えるように、資料を印刷したものも持参するよう指示する。	

　この活動は、作業がレポート作成から口頭発表に焦点が移る最初のものである。まず、ブレーンストーミングを通して、自由に意見を出しあい（推測でかまわない）、口頭発表のイメージを持たせた。

また、ここでは、発表者が内容を分かりやすく正確に伝えることだけが最終目的ではなく、聞き手の役割も重要であることを意識させた。発表者と聞き手を含む参加者が発表について議論し、互いの知識・理解を深めることを目指すことを示し、活動②につなげた。

3.2 活動② 発表準備をする（発表者・聴衆間の協働学習）

◇この活動の特徴と目的

これは、発表の予行練習にあたる活動である。ここでは、これまでのレポート作成における協働活動と同様に、発表の練習でも仲間からのコメントや意見、質問を一人で練習する際に取り入れることで、自分の発表をわかりやすくできることを強調した。そのために、活動①で触れた「聞き手の役割」についても、テキストに記載されている下記の内容に沿って具体的に示した。

【第12課】12–1 「聞き手が発表会に参加することの意義」

（同テキスト「α関連事項」：p.102 より）

① 聞き手が理解しにくい点を質問することにより、聞き手・発表者双方にとって発表内容がさらに明確になる。
② 発表の中の情報の欠落を指摘できる（発表者の言い忘れ、内容の不足、聞き手の聞き落とし等）。
③ 発表者に対し、聞き手の意見との違いを検討するきっかけを与える。
④ 発表者に対し、さらなる情報提供をする。あるいは発展の方向を提案する。発表者自身が発表内容を発展させる手がかりを聞き手が提供する。
⑤ 参加者同士の議論の中で、新たな気づきや意見を共有できる。

◇活動の手順と留意点

1) 発表の予行演習（同テキスト 課題4: p.98 より）
　① 発表者が発表し、他の一人は本番同様に計時する。終了1分前と5分経過時に知らせる。
　② 聞き手は発表者に内容・話し方・態度等に関してレスポンス（質問、感想、アドバイス）をする。　◀　1)②質問が出ない状況や、相手の表情なども立派なレスポンスであり、レポートや発表の改善のヒントになることを指摘する。
　③ 発表者を交替する
　④ グループ全員の発表が終わったら、各自、自分の発表に対して、聞き手からもらったレスポンスを提出用シートに書く。
2) 振り返り（同テキスト 課題5: p.98 より）
　個人でその結果を本番での自己目標を設定する。　◀　2)目標は、発表の内容面関連でも技術面関連でもよいとした。

　なお、発表日の運営に関する役割（次節参照）の分担をこの段階で決めておくと、当日の進行がスムーズである。そして、この予行練習でその仕事内容を練習することも可能である。
　以上の練習と並行して、資料や機材の作動確認等の準備は、使用当日ではなく、必ず前日までに完了しておくべきであることを強調する。

3.3　活動③　発表の場をつくる
◇この活動の特徴と目的
　スケジュールは、発表5分と質疑応答で1人の持ち時間を約8分にしている。90分の授業だと、1回の発表者数は8名程度になる。表現法のクラ

スは、1 クラスが 30–40 名であるため、発表日を 2 回に分けて行った。まず、1 つのクラスを 2 つに分け、さらにそれぞれのグループをAB の 2 つにし、A が 1 日目、B が 2 日目に発表した。当日発表しないグループが設営、進行の各役割(進行、計時、資料配付、機材設置、発表録音、資料配付など)を担当した。

発表当日の活動の流れは次のようになっている。

◇活動の手順

1) 会場設営・発表準備
2) 発表
3) 質疑応答
4) コメント用紙の記入
5) 優秀者投票
6) 片付け

これまで述べてきたように、この実践では、自分自身の発表だけでなく、計画から、場の設定、進行、会場の後片付けまで通して行い、発表会の実施が自律的学習の場であることを強調した。したがって、教師は、活動の流れや留意点を提示するにとどめ、当日は、なるべく介入しないように努めた。

以下、活動の手順の詳細を述べる。

(1) 会場設営と発表準備

機材係は、パソコン、プロジェクター、OHP、OHC など使用する機器を設定する(図1)。スクリーン、指し棒も用意する。計時係はタイマー、ベル、残り時間を知らせるカードを準備する(図2)。

資料配付係は発表者からレジュメを受け取り、配る。コメント用紙係は、コメント用紙(図3)を配る。録音は、発表者が自分の振り返り作業のためと、授業の記録のために 2 つ行う。録音係は、発表者からの名前を記入した録音媒体と(図4)、前もって教員が用意した記録用の媒体を受け取り、録音

2節　相互活動によって口頭発表の方法を学ぶ　63

図1　機材の準備

図2　計時・録音の準備

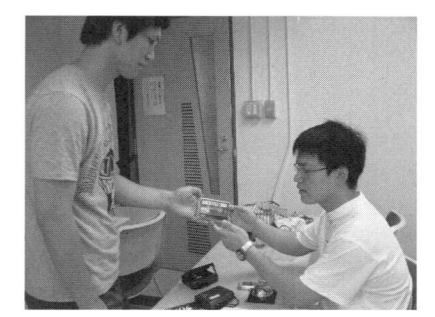

図3　コメント用紙

図4　録音準備

できるようにセットする。発表者は機器の作動状況を確認する。
(2)　発表(図5)
　準備ができたら司会係が開始を伝え、第1発表者から発表を始める。発表者は、コメントをもらいたいところを述べ、発表を始める。
(3)　質疑応答(図6)
　司会の進行で発表内容に関する質疑応答をする。会場からコメントがない場合は、司会が質問、コメントする、あるいは指名する等、工夫する。教師のコメントは最小限にし、学生同士の意見交換を促す。可能であれば、学部の上級生や大学院生が聴衆に入るといい。より分析的な観点からのコメントや質問が出て、学生同士の活発な質疑応答の展開が期待できる。

64　2章　協働的アプローチで授業をデザインする

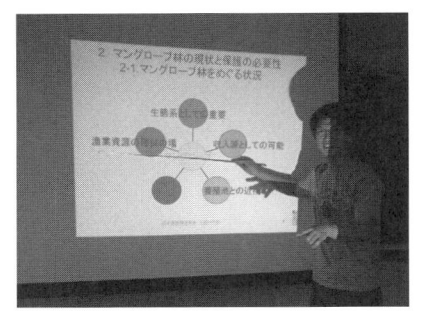

図5　発表

図6　質疑応答

図7　コメント用紙記入

図8　用紙の回収

(4)　コメント用紙記入(図7、8)

　聴衆側の学生は、コメント用紙に質問、コメントを記入する(図7)。記入が終わったら、コメント用紙係が回収し、発表者に渡す(図8)。その間に、次の発表の準備をする。

(5)　投票による優秀発表の決定

　その日に聞いた発表の中で、最もいいと思う人にその理由も書いて投票する。これは、教員が発表終了後、集計し、次の授業で優秀者を表彰する。

　学生は、パワーポイントの目新しい操作や表現がおもしろいものを高く評価する傾向があり、教員の評価と異なる場合がある。この投票結果に基づいて、発表の評価観点について、教員が学生にフィードバックできる。

3.4　活動④　発表を振り返り、レポートに活かす

◇この活動の特徴と目的

　この活動では、仲間からのコメントをまとめ、自分の発表テープを聞くことで、客観的に口頭発表の様子を振り返り、聞き手にどう受け止められていたのかを確認させる。そして、レポートの清書では、コメントをそのまま修正作業に入れるのではなく、書き手の責任としてどうコメントを活かせばよいかを見極めさせることを狙いとしている。

◇活動の流れと留意点

　この課題は、発表後、各自の宿題とした。作業の流れは以下の通りである。

1) 仲間からもらったコメント用紙の内容と、会場でもらった質問、意見をまとめて書く。
2) 録音した自分の発表を、自宅で聞いて自己評価を行う。
3) 発表会で聞き手から得られた質問や意見を参考にして、自分のレポートを修正し、どこを加筆修正したかをまとめる（同テキスト　第11課、課題3: p.103 より）。

> 3) 記入用紙を作成し、「修正解説」「仲間からのコメントのまとめ」「テープの振り返り」(自己評価)の記入欄を設け、いずれも「箇条書き可」とした。

◇学生の記述例

(1)　仲間からのコメントのまとめ

　多くの学生が仲間からのコメントを丁寧にまとめていた。中には、コメントの内容で共通するものをまとめ、個々のカテゴリーに該当するコメント数を書くことで、自分の発表のし方の特徴を把握しようとしている学生もいた。その記述からは、自分の発表が仲間にどう受け止められていたのかに強い関心を持っていることがわかる。

・内容に関するもの
「反論があって説得力があった」
「評価的には『良い』と大半の人が書いてあったが、自分の発表の趣旨を逆に考えてしまっている人がかなりいた」

・発表の仕方に関するもの
「わかりやすかった―自分の言葉で話していた」
「OHPが分かりやすかったという人と分かりにくかったという人がいた」
「声が小さい・大きい」「スピードが速い」(多数)
「下を向いていた」「前を見たほうがいい」(数名)

(2) 自分の発表の自己評価

発表内容や構成よりも、声の調子や速度に関する記述が多い。

「棒読みしているようだった」(数名)
「『エー』という声が入りすぎている」「抑揚がない」(数名)
「声が小さい・大きい」「スピードが速い」(多数)

(3) レポートの修正箇所のまとめ

　この欄に書かれた記述には、上記のように発表の際に受けたコメントに言及したものは少なく、多くがレポートの書式・構成の修正箇所についてであった。記入させるための別紙の指示が「修正解説」となっていたためと考えられる。しかし、口頭発表での質疑応答の内容をレポートの推敲の際に検討することが、発表会の準備と遂行を初めて経験する初年次の学生にとって難しいということもあるかもしれない。

> 「コメントの中に例が大(ママ)くてわかりにくいとあったので例を少し減(ママ)した」
> 「コメントで話の筋が通っているか聞いたが、だいたいの人が通っていると書いてくれたので、コメントの注意点など細かなところをなおした」

4 まとめ

　今回の口頭発表を学習する実践では、①発表者だけでなく、聞き手の学びに注目する②発表を文章作成のプロセスの中に位置づける③発表の場の運営も学習項目とし、自律的な参加を促す、という3つの特徴を持たせた。

　授業では、発表の仕方や聞き手の関わり方を学ぶ個々の課題に協働活動を取り入れ、そこから得られる仲間からのレスポンスをどのように発表やレポート内容に反映させるかを考えさせた。また、発表会の運営は、計画段階から学生が主導権を持って行うようにした。

　今後の課題としては、文章作成のプロセスをより明確に口頭発表を視野に入れたものにしていくことが考えられる。表現法の授業では、レポート作成の下書き段階までの間、ペアや小グループでの内容検討はたびたび行うが、多人数を対象に短時間で簡潔にレポート内容全体を伝える作業は、ほとんどできない。そのため、普段の授業で行っていた協働活動で重要なポイント（聞き手の参加の意義等）を、自発的に口頭発表の場に結びつけることが困難なようである。

　また、口頭発表のために、レポート全体のポイントを大づかみにして示すことで、論理展開のねじれや前後関係でかみあっていないところがはっきりする。そこで、たとえば、アウトラインの段階で、ミニ口頭発表会のような活動を取り入れることで、相互に支えあう活動としてのレポート作成と口頭発表の位置づけが学生に認識されやすくなるのではないだろうか。

2章3節　看護学部の表現技術教育でピア活動を行う

三原 祥子

▶ 対人援助職として要求されるコミュニケーションの態度と効果的な日本語運用力を涵養するために、ピア活動を取り入れる
▶ 読み手意識を大切にし、読み手中心の表現を心がける
▶ 読み手にとって効果的に、かつ書き手にとって効率的に表現できるようになる

1　授業のデザイン

1.1　どんな授業か

　この授業は、看護学部の1年生を対象とし、アカデミックなレポート、読書レポートに加え、メール、手紙などの実用文書も効果的かつ効率的に書けるようになることを目指す。その体験を通して、対人援助職として要求されるコミュニケーションの態度および日本語運用力を涵養することを目的として開設された、通年の選択科目（年度によって異なるが平均30名の学生に教員1名、1コマ85分で2コマ連続、全15回で計30コマ）の例である。メール、手紙などの実用文書の分析、執筆、推敲を導入課題とし、アカデミックなレポート、読書レポートの執筆準備、執筆、推敲につなげていった。

　この授業では、表現技術の向上だけでなく、他者と社会との関係性を創り・保ち・修正する「書く力」を育てること、書くことに対する積極的な態度の育成を目指している。いずれの学習においても目標において効果的な教育方法としてピア活動を取り入れた。

　この授業では、実用文書とアカデミックなレポートの両方でピア活動を導

入し、活用したが、ピア活動の導入のタイミングや活用の方法は、授業時間数や開講目的やクラスサイズなどの条件に応じて実用文書かアカデミックなレポートのどちらかを選択することも考えられる。

1.2 なぜこのデザインを選んだか

ピア活動を取り入れたのは、次のような理由による。看護学生が目指している看護職は、ほかの医療専門家と協働し、クライエントに対応すると同時に、クライエント側の擁護者にもならねばならない。そのため、他者と効果的に協働する方法を知り、クリティカルに考え、クライエントのためになるよう話したり、書いたり、他者と相互作用するうえでのコミュニケーションをとる必要がある(D. L. ウルリッチ、K. J. グレンドン著 高島訳 2002)。ピア活動は、そのようなコミュニケーション能力育成に有効だと考えたからである。

クライエントが身を置く病院臨床の場や生活の場では、医療者間の協働的な関わり、医療者とクライエント間の協働的な関わり、そしてクライエントと非専門家との協働的な関わり(ピア・カウンセリング)がなされている。これらの多様な協働的な関わりの実践・研究では、協働的な関わりの参加者は、人々の中に潜在する可能性や強さを信じ、互いに耳を傾け、情報交換や自己表現をし、困難な状況を自ら解決し、その結果自己評価が高まると指摘されている(寺谷編 1999、亀口編 2002)。

このようなコミュニケーションの態度やそれを反映したやり取りを実現可能にする日本語運用力を身に付けることは、看護学生にとって社会的に要請されていると考えられる。このような社会的要請に応じるために実用文書を、そして学習上の要請にも応じるためにアカデミックなレポートを教育内容として取りあげ、教育方法としてピア活動を積極的に導入した。

1.3 授業の手法選択の背景にある理論や考え方

この授業では、「言語を効率的に習得・獲得させるということが主たる目的

ではなく、人間同士が関わり合うことの意義や困難さなどに気づき、言語と非言語を的確に理解・運用して他者や社会との関係性を創り・保ち、修正する力を養成することを主な目的とした教育」(伊東・松本 2005)という立場で、学生のコミュニケーションの態度や能力を育成することを目指している。

対人援助職を目指している看護学生を対象とした授業にも関わらず、「書くこと」に重点を置くのは、まず、書くことがコミュニケーションの基盤となる思考力の育成に効果的だからである。思考力は自己と他者を理解するうえで必要であり、コミュニケーションの基盤となるものである。大学の教養課程の日本語表現法関連科目の研究では、内容を伝えるために基本的な構造があるという立場をとったうえで、書く過程を通して思考を深め、その思考の深まりによって書くことが促されると報告されている(井下 2002、大島ら 2005 など)。看護系における看護記録に関する研究でも、思考力に言及している報告が多い(藤村 1997 など)。

次に、高校生から大学生への転換期にある学生のニーズに応えるためである。大学で求められるレポートは、高校までの作文とは異なり、他者との議論を可能にするために、課題の目的を吟味し、テーマを絞り込み、自分の立場を明確にしたうえで一貫性のある主張を述べ、調べたことと自分の意見を区別し、構成を考え、具体的にわかりやすく書くことが要求される。

さらに、お願い、謝罪といった目的のメールなどの実用文書の執筆も取り入れたのは、対話練習とは違い、書くことでの内省の深まりにより言葉遣いや話題の展開法によるニュアンスの違いなど複雑なことにまで検討が及ぶことができる点、自分のペースで好きなときにじっくりと振り返りができるという点が効果的だと考えるからである。

なお、ピア活動に関しては、池田(2002)、大島ら(2005)、池田・舘岡(2007)をベースとしている。

1.4　この実践の工夫

学生が対人援助職を目指している点を考慮し、「読み手意識」と「ピア活

動」を授業デザインの柱にした。学生への社会的要請を考慮し、アカデミックなレポートの導入活動として、手紙やメールなどの実用文書を取り入れた。また、将来看護記録を効果的かつ効率的に書く力が要求されるという点を考慮し、重点先行型で再現可能な読み手中心の表現を求めた。

2　授業の内容と流れ

2.1　授業の流れと留意点

　この実践では、学習内容とピア活動の組み合わせ方に留意した。今回は、各課題の指導方法の詳細ではなく、各課題の概要とそこでのピア活動上の留意点、および、課題間の連携に焦点を当てた実践例の紹介をする。

【第1課題】手紙
・読み手意識・読み手中心の表現の意識化を促す
・読み手である社会人が期待する話題の展開法や言葉遣いについて知り、練習問題をする
・型を活かしつつオリジナリティのある執筆
・ピア活動で、市販テキストの良い例と悪い例の検討をし、良い例から大いに学ぶよう促す

◁ まず、書いたものの共有に慣れ、互いに進歩する楽しさが体験できるようにする。

▼

【第2課題】メール
・読み手が求める情報の提示法(構成、必要な情報、重点先行など)や約束事を学ぶ
・配慮と必要な情報という視点で吟味する
・メールでの配慮も対面のときと同じであることに留意する
・ピア活動で、第三者の文章を活用し、心理的負担を減らす
・書き手の人格批判ではなく、書いてある内容の改善に焦点を当てるように促す

▼

【第3課題】アカデミックなレポート
・課題作成者の意図や課題内容の確認・分析、アウトラインの作成、パラグラフの作り方、データと意見の区別などを学ぶ
・ピア活動で、長文レポートを書くことの不安を受け止め合い、知恵・技を共有するようにする
・書き手の意図を確認し、山場、結論部分を見極める

ピア活動を楽しみ学びを深めるために、書くことによる負担をコントロールする。目の前の作業に集中し、効率的に書けるように、活動をデザインする。

▼

【第4課題】読書レポート
・冊子化し配付することを前提にし、対象とした読者に効果的に伝わる内容・表現を吟味する
・自分の思いを綴る高校までの読書感想文との違いを実感する
・ピア活動で、感覚的な表現の場合は、読み手にとって再現可能な表現を検討する
・重点先行型になっているかどうかを確認する

第3課題の授業は複数回行い長期に渡るため、途中の区切りのよいところで第4課題を行っている。

3　具体的な活動と実践の工夫

　導入時の課題として、手紙やメールなどの実用文書の分析、執筆、推敲を取りあげたのは、まずは、読み手意識の涵養のためである。レポートを課した教員なのだから読んで当然、知識のある教員なのだからどのように書いてもわかってくれるはずと学生に思われがちなレポートと比べ、手紙などのほうが読み手の存在をイメージしやすく、読み手を尊重した読み手中心の発想になりやすいからである。やり取りの目的、読み手との関係性、読み手の存在、立場、理解の枠組み、心情、期待値などをイメージしやすいので、課題分析および読み手の分析の導入としても適していると考えた。

　次に、市販テキストなどの第三者が書いた文章を用いた。これは、自分自身の意見が読まれるという抵抗感をなくし、ピア活動に取り掛かりやすくするためである。文例集や実用文書を題材とし推敲・執筆につなげる市販の教材（野田・森口 2003 など）があり、実際に学生自身が書いたものでピア活動

をするより恥ずかしくないなど、心理的抵抗が少なく、意見交換の促進も容易になる。

しかし、留意しなければならないこともある。架空の第三者の書いたものについて意見交換をする場合は、良い点を評価しつつも、至らぬ点について、ひいては、書き手の人格や態度についてストレートに指摘しすぎてしまうこともあるということである。このようなことを回避するために、人格ではなく書き方などについて取りあげ、改善することを目的としているということを折に触れファシリテーターである教員が言及することが大事である。特に、授業に参加している学生の書いたものを匿名で活用する場合は、書き手がクラスにいることを確認したうえで、書き手批判になるような発言は活動の趣旨に反するということを学生に確認しておくことが重要である。

3.1 活動① 第1課題「手紙」

◇活動の特徴と目的

社会人としての意識を持たせるために、社会人としての手紙の書き方に関する講義をする。ピア活動で書いたものの共有や意見交換を促しやすくするために、自己開示の必要がない形式面を中心に扱う。

◇活動の手順と留意点

1) 文例集などを用い、手紙を書くための知識を講義形式で提示。
2) 練習課題のピア活動で、良い例、悪い例の検討。良い点をどんどん取り入れるよう指示。
3) 実際の書き手を想定し、下書きをし、ピア活動で推敲。教師も机間巡視し、全体向けにフィードバック。

◀ 3) 私信なのでプライバシーへの配慮をする。下書きの段階で要求するのは形式面中心のピア活動だが、内容面も吟味させる(オリジナルの時候の挨拶など)。ピア活動で共に進歩することを実感してもらう。

3.2 活動② 第2課題「メール」

◇活動の特徴と目的

　市販の教材(野田・森口 2003)を用いてピア活動を行う。取りあげるのは、お知らせ、お願い、謝罪といった目的を達成するためのメールである。読み手意識を涵養するための練習課題にピア活動で取り組み、各自執筆し、さらにピアで推敲する。

◇活動の手順と留意点

1) 学生は携帯電話世代である。携帯メールとPCでのメールとの比較をし、メールに関する内省を深める。それを踏まえ、必要な約束事など知識の提示をする。
2) 分析、リライト等、例題にピア活動で取り組む。

   ◁ 2) 書き手の人格批判にならないよう注意させる。書き方のせいで誤解されてしまうということを伝える。

3) ピア活動中に学生のつぶやきや質問を拾い上げ、ピア活動の区切りに全体向けフィードバックをする。
4) 各自、指定された課題を執筆し、ピア活動でさらに向上させ提出。
5) 課題内容とピア活動からの学びについて振り返る。

3.3 活動③ 第3課題「アカデミックなレポート」

◇活動の特徴と目的

　ここでのアカデミックなレポートとは、4年次に執筆する卒業論文を視野

に入れているが、この時点では、実際に専門科目の授業で執筆するレポートのことを指している。

　以前は、当該授業独自のレポートを自由テーマで執筆させていたが、今は実際に全員が専門科目で取り組むレポートを題材として取りあげている。すでにあるリソースの活用で学生の負担を軽減するためと、課題の目的や内容を限定し全体へのフィードバックをしやすくし、日本語運用力の吟味に専念する時間を増やすためである。

　取りあげるレポートの課題作成者との事前の打ち合わせも大事である。介入の許可をもらい、介入法を検討するために、課題作成者が学生に期待しているレベル・内容について了解しておく。表現技術科目担当教員は、当該学生に期待している日本語運用力のレベル・内容について専門科目担当教員に伝え、互いの要求内容や要求度の共通点・相違点を確認し、すりあわせをする。

　要求度や介入の仕方の調整をしつつも、コミュニケーションにおいて読み手や聞き手にとって効果的な日本語運用力は常に期待されているものだと伝えることは重要である。特に、看護師というプロフェッショナルな職業につく以上、このような能力の涵養は必須だということを具体的なエピソードを話したり、活動目的と評価の観点を具体的に示したりすることで、明確に伝えることが肝要である。

　学生の読み手に対する意識の転換は欠かせない。学生は、大学入学前に小論文や作文をたくさん書いているが、「課題を出した先生は、読むのが当たり前、時間とエネルギーを使って自分の言いたいことを当然わかってくれるはず」と思い込んで甘えている場合も少なくない。また、課題の指示内容がわからないにもかかわらず、担当教員に確認しないままで課題に取り組むことに抵抗を感じていない場合も少なくない。このような態度は、1年生の時点から学外施設へ実習に行き、社会人として扱われることからも問題が大きい。また、看護学生としての体験学習からの学びを、レポートを的確に書くことで確かなものにするためにも、この態度は改善が望まれる。これらのこ

とを学生に伝える必要がある。

　ここでピア活動を取り入れるメリットは、同じ立場で同じように考えているはずだと思っている仲間の発言中の、自分にはない良い点から学んだり、既に持っていた自分の良い点を再確認したりすることで学びあうところにある。ピア活動を通しての気づきは、教師に指摘されるよりもインパクトが大きく、さらに、自己評価の高まりにもつながる。また、学習の共同体が生まれることで、教師不在のときでも学習が継続することが期待される。

◇課題の特徴と目的

　例年取りあげる課題としては、2種類ある。1つ目は、あるテストの測定値と自分の経験をデータとして用い、それを踏まえたうえで考察をするタイプのものである。2つ目は、学外施設での実習のレポートである。実習前の講義と実習での体験をデータとして報告したうえで、自分なりの学びについて考察をするタイプのものである。この2つを選んだのは、データを踏まえ、事実と意見を区別して表現することが自然と要求される課題だからである。

◇活動の手順と留意点

1) 専門科目の課題内容、課題作成者の意図、目的をクラス全体で分析し、確認する。
2) 文字数や書くべき項目数を確認し、字数を埋められないことを不安に思い、とりあえず学んだことや調べたことを長々と書いてしまう学生の心理と行動を意識化させ、受け止め、不安解消のために文字を埋めようとせず、全体の構成を考え重点先行型で書くよう決心させる。
3) ブレイン・ストーミング、アウトライン作成時に、課題における適切性、重点先行型で書くことに焦点を当てたピア活動をする。

> 2) まずは、学生の不安を受け止め、必要な技術を提供したうえで、執筆準備、執筆、推敲でピア活動をさせる。

> 4）各自自宅で執筆する。
> 5）（できる限り）実際の提出日前に、表現技術の観点からフィードバックする。
> 6）3）の観点を中心にピア活動し、推敲したものを提出する。

　学習要項で専門科目のカリキュラムを確認し、執筆前の準備段階から関われるよう工夫する。執筆前の、課題の分析、必要な情報の調査、アウトラインの作成の段階から関わることにより、執筆の際に書くことに専念でき、効率的に書けるようになる。たとえば、実習レポートの場合は、実習に行く前のメモの作成、既習項目の用語の確認、参考文献の収集法などの表現技術の立場から可能な限りのサポートをし、その際に適宜ピア活動を取り入れ、学生が持っている知識・情報・意見を活かしあう。

3.4　活動④　第4課題「読書レポート」
◇課題の特徴と目的

　本の概要を紹介したうえで、主な読者（看護学部の教員、看護学部の同級生、翌年度の新入生）を想定し、適切な本を選び、本の紹介をし、自分なりの意見を書くという課題である。アカデミックなレポートよりも、高校までの読書感想文の指導の影響が強く現れる課題である。あくまでも傾向に過ぎないが、若い女性の場合、思ったことを日記風に書くことは慣れており、その結果、散漫で感覚的な記述になる傾向がある。

◇活動の手順と留意点

> 1）読者と自分の関心を意識し、本を選ぶ。読み手が教員とクラスメート以外にも及ぶことを強調。充実した読書レポート集の作成という目標を共有させる。

2) 重点先行型、感覚的ではなく再現可能な表現、概要と意見の区別、引用・要約の仕方などのポイント（＝評価項目）を指示書で伝える。
3) 各自自宅で執筆する
4) 執筆したものを持参し、内容の山場と指示書中のポイントを中心に、ピア活動で吟味。 ◀ 4)ピア活動の際にはポイントを明示する。
5) 共有すべきことを、全体に向けフィードバックする。
6) 各自リライトし、提出する。

3.5 評価方法

　評価は、参加度、提出物の質（書く目的と内容の一致度、構成の適切さ、情報の適切さなど課題で要求したことが含まれているかどうかとそのレベル）で行っている。学びと今後の課題についての振り返りも評価の対象としている。ピア活動での貢献度も評価するために、署名式でピアとしてのコメントを書かせている。

4 実施してみてわかったこと

4.1 学生が課題に取り組む過程から

　まずわかったことは、学生が一度に1つのことに集中できるよう、教師がファシリテーターとして活動をデザインすることの重要性である。書くことは思考を伴う複雑な活動であり、レポート執筆もピア活動も学生にとってはなじみのないものだからである。このため、負担感や葛藤も少なくない。やればできるという実感を持ってもらい、動機付けに結びつけるためにも、活動内容やピア活動の際の焦点を整理することが肝要である。ピア活動の特性を活かすためにも、効果と効率を考え、講義形式などほかの教育方法との組

み合わせを考えることが大切である。また、パソコンに対する苦手意識や専門科目の内容に関する苦手意識など、書くことやピア活動以外の負担感を調整するための工夫も必要である。

　教室内での学びが教室外でも活かされやすくするために、実際の専門的科目におけるレポート執筆に関連する作業の流れを大切にすることも重要である。この流れの中で、必要に応じてピア活動や知識の伝達や練習を行う。

　書き手にとっての効率の良さも考慮すべきである。読み手にとって効果的な表現を追求するための努力も大事だが、書き手が効率的に書けるようになることも重要である。特に、将来忙しい中、看護記録を書くことが要求される学生たちなので、この点は看過できない。ファシリテーターとして、学生が効率よく書けるようになる指導も大事である。ピア活動の効率性について疑問を抱き続ける学生もいるので、活動全体を通して効率的にも書けるようになっているという実感を抱かせる工夫が必要である。

4.2　コース終了後の学生の反応から

　ピアの組み合わせに多様性をもたせたほうが良いようである。学生は授業中は気の合う友人といつも組みたがるが、実は、役割の固定を避け、学びの質を向上させるために、組み合わせを教師によりシャッフルされることを期待していたという声をしばしば耳にした。このことを踏まえ、組み合わせを変え、多様性から学ぶことのメリットを説明し、ピアの組み合わせを時折変えるようにした。

　教育方法にも多様性をもたせるようにしている。学生はピア活動の良さは理解しつつも、教師によるフィードバックも強く求めているようである。ピア活動が活かされる活動を吟味し、個別対応の時間や教師によるフィードバックの時間も確保する。その際に、ピア活動中に観察したことを交えると効果的である。

5 まとめと応用・発展の可能性

5.1　たとえば上級学年で実施可能だったら

　レポートには内容の理解が重要である。内容について思考する負担を抑えるために、学生の関心や既有知識が活かされたテーマで、パラグラフの展開の仕方、パラグラフの作り方、正書法についてなど、技術的な面に重点を置いた練習問題を用意し、表現技術に特化したピア活動だと単発の授業でも効果を出せるであろう。

5.2　たとえば専門科目の教員と連携が可能だったら

　実習の指示書作成段階から意見交換ができると、連携の効果が増す。表現技術科目のポイント（＝評価項目）が専門科目でも高く評価されるということを学生に伝え続けることが大事である。発達段階および専門内容に応じた日本語運用力に対する要求度を吟味するためにも、専門科目の教員との連携は有効である。

5.3　まとめ

　ピア活動を取り入れた表現技術の授業を、看護学部生を対象としたケースとして紹介した。教育内容と教育方法の組み合わせの可能性を追求した事例である。コミュニケーションの態度と能力の両方を涵養することを目指す際のヒントになればと思う。

参考文献

〈理論的背景に関する文献〉

池田玲子（2004）「日本語学習における学習者同士の相互助言活動（ピア・レスポンス）」『日本語学』明治書院.

池田玲子・舘岡洋子(2007)『ピア・ラーニング入門―創造的な学びのデザインのために』ひつじ書房.

伊東祐郎・松本茂(2005)「日本語教師の実践的知識・能力」『講座・日本語教育学第4巻 言語学習の支援』: pp.2–24. スリーエーネットワーク.

井下千以子(2002)『高等教育における文章表現教育に関する研究』風間書房.

亀口憲治編(2002)『現代のエスプリ419 コラボレーション』至文堂.

黒田裕子他(2002)『看護学生の論理的思考を育成する教育方法の研究』(平成10年度～平成13年度科学研究費補助金基盤B(2)研究成果報告書)

高島尚美訳(2002)『看護教育におけるグループ学習のすすめ方』医学書院.

寺谷隆子編(1999)『ピアカウンセリングガイドブック―経験は人生の知恵袋』JHC板橋がおくる1, エンパワメント研究所.

〈ほかの教材や実践報告〉

池田玲子(2002)「『大学生のための表現法』における協働作文学習の試み」『東京水産大学〈大学生のための表現法〉平成13年度成果報告書』: pp.49–67.

大島弥生・池田玲子・大場理恵子・加納なおみ・高橋淑郎・岩田夏穂(2005)『ピアで学ぶ大学生の日本語表現―プロセス重視のレポート作成』ひつじ書房.

野田尚史・森口稔(2003)『日本語を書くトレーニング』ひつじ書房.

三原祥子(2005)「【書く力を育てる】―ピア・レスポンスを取り入れた指導」『看護展望』30 (12): pp.39–42.

○分析からヒントを得る

2章4節　ピア活動の意見交換の特徴と活動の指示

岩田　夏穂

▶ 文章作成のための協働活動における意見交換の特徴から、活動指示の改善のヒントを探る

1　はじめに

　ピア・レスポンスを含む協働活動（ピア活動）を授業に取り入れる場合、教師は、学生同士が課題の本筋から外れずに互いの文章について話しあえるのか、といった不安を持つことがある。また、この活動の重要な柱である「批判的思考」に基づいて互いの文章に対する指摘は、相手を非難するようで難しいという学生からの声もある（池田　2002）。
　これらの教師や学生の不安や問題を解決する糸口を探るために、学生の実際の活動でのやり取りを分析することは意味があるだろう。ここでは、大学初年次対象の「文章表現」の授業におけるピア活動を取りあげる。ペア1組のやり取りの分析（岩田　2007）を通して、実りのある話し合い活動の実現を目指した活動のし方や手順の指示の改善について考える。

2　テキストの手順と実際のやり取り

　これは、清書レポートを検討するコース最後のピア活動である。使用テキスト（大島ら　2005: 107）の課題2には、次のような活動の手順の指示があ

る。まず、読み手が書き手に①印象的な箇所を伝え、その②主張と③根拠を確認する。さらに④賛成できる点、⑤説明が不足している箇所、⑥より深く展開すべき点について意見交換をし、最後に読み手に⑦提供できる情報があれば提供する。その後、読み手と書き手の役割を交代する。

3 意見の交換のし方の特徴

(1) 活動指示と全体的なやり取りの流れとの関連

　対象としたペアの学生は、指示通りに活動を進めることを志向しながらも、そのときの展開や内容によって、先述の手順①から⑦の順番を調整していた。

　ピア活動の手順の指示は、限られた時間内で読み手と書き手が話し合いをスムーズに展開するためのリソースとなっている一方で、学生自身による自由で意味のある議論の展開が十分にできないということにもつながると考えられる。また、学生間にもピア活動への関わり方や課題達成度にばらつきがあるのが普通であり、手順の指示は、これらの学生のピア活動の習熟度や自律性とのバランスを取りながら柔軟に行う必要がある。たとえば、話し合いでの意見交換が肯定的あるいは批判的なものに偏らないよう、緩やかに活動手順の枠をつけ、その中で学生がこれまでのピア活動の経験と知識を用いて手順の変更や話し合う内容の選択を行う等、自律的な課題遂行ができるようにすることは可能ではないだろうか。

(2) 肯定的意見の交換に見られた特徴

　手順①でのやり取りでは、主に読み手にとって「今まで知らなかった新情報があること」と「テーマの意外性」が指摘されていた。それらは、表面的な直感であり、「その箇所がなぜ、どのようにいいのか」という視点に立った指摘ではないため、文章を推敲するための材料にはなりにくいと思われる。

　一方、批判的な意見を述べるところでは、書き手の主張にそれを支える根

拠が欠けていることを指摘するなど、分析に基づいた意見を提供していた。

その背景には、これまでの筆者のピア活動の指示が影響している可能性がある。ピア活動のような相互活動は、互いの信頼関係が保障されて初めて成立するため、活動の基盤となる関係作りを目指し、まず互いに肯定的レスポンスをしあうように指導する。筆者もプログラムを通して肯定的意見の必要性は強調したが、相手の文章のいいところを指摘する際の着目点や述べ方については、批判的な意見の指導ほどには具体的に示してこなかった。しかし、ピア活動の経験を重ね、互いの文章を分析的に吟味することに抵抗がなくなるにしたがって、肯定的意見のときにも批判的な意見と同様に分析的に行うよう指示する必要があると思われる。

(3) 批判的な意見の交換に見られた特徴

否定的意見・評価や情報の提供では、直接的な批判にならないように段階に分ける、58-60のような冗談や自己からかいに絡める等、直接的な批判にならないような工夫がされていた。会話1はその一例である([の記号は重なりを示す)。

【会話1(Bの文章についてのやり取り)】

```
49  A   根拠がちょっと弱いのかなー
50  A   あれだよねー　あのーーー(3秒沈黙)
51  A   なんでー(クラゲを)廃棄したらだめなのかっていうのがー
52  A   廃棄したーーくらげのーー実際の害とかって
53  B   (うん)
54  B   なんかーー海の底にたまってー
55  B   ひらめとかそっち系の魚が　こう(短い沈黙)
56  B   被害が[(ごく短い沈黙)あるとかー
57  A        [ああ　ああ
58  A   書いてる?
59  B   書いてないけどー　お[はははははははは　あははははははは
60  A                      [書いてない　あっはははは
```

49-52で、Aは、「ちょっと弱いのかなー」と自分の考えに確信が持てな

いことを示すことで、直接的な批判になることを避けつつ疑問点を提示している。53–56 で B はクラゲ廃棄の問題点を説明し、その点については考えていたことを主張する。A は納得したことを示し(57)、それは書くべき内容なのに書かれていないことを、自分が見落としている可能性も示しつつ、焦点化する(58)。明白なことを質問するのは、まじめにすれば非難や挑戦となるが、この二人の関係の中で敢えてすることで、批判的指摘(58)は、冗談あるいはからかいとして構成される。B は、59 で笑うことでそれを適切に受け止めている。

　池田(2006)が指摘するように、やり取りが深まると、それだけ互いの内面に踏み込む機会が増え、相手との関係が居心地の悪いものになる危険性が高まるが、このペアの場合、ユーモアを持ち込むことでその危険を回避し、却って関係を強めるようなやり取りをしていることがわかる。

　また、書き手自身が自ら自分の文章を批判することで、読み手から意見を引き出すことも観察された(会話 2)。

【会話 2(A の文章についてのやり取り)】
　　229 A　一度使ったボトルを洗って家で使えばいいじゃんって言ったのは、
　　　　　　[あり？
　　230 B　　　　　[うん
　　　　AB　はははははははは
　　231 A　で、ここで現実的では
　　　　　　な [いとキッパリと批判　[されているんだけど(笑い)
　　232 B　　　[うーん　　　　　　　[うん
　　233 B　だって　絶対洗って入れなおすとかさー　しないよね

　A は、229 で主張の妥当性を問いかけ、その理由を説明している(231)。それは、清書前の添削で、教師(筆者)に「A の問題解決の提案は現実的ではない」と指摘されたが、自分の主張が指摘どおりなのか判断できないというものである。B は、233 で教師の指摘を支持することで、A の主張に批判的な意見・評価を提供している。

このAの問いかけは、自分のレポートの問題点を敢えて焦点化し、読み手に委ねる行為であり、ジョンソン・ジョンソン・スミス(2001)の言う協同的場面での信頼関係構築のプロセスだと考えられる。筆者は、これまでの活動の指示の中で、「相手に指摘されなかった自分の問題や弱点を相手と共有し、そこから新たな観点を探る」ということは強調してこなかったが、このような観点も段階的に指示の中に入れていく必要があると考える。

参考文献

池田玲子(2002)「『大学生のための表現法』における協働作文の試み」『東京水産大学〈大学生のための表現法〉平成13年度成果報告書』: pp.49–67.

池田玲子(2006)「ピア・レスポンスによる日本語表現法のためのデザインの可能性—東アジア系学習者のためのデザイン」『大学での学習を支える日本語表現能力育成カリキュラムの開発—統合・協働的アプローチ』(平成15–17年度科学研究費補助金(B)成果報告書): pp.73–88.

岩田夏穂(2007)「大学初年次の文章表現の協働推敲(ピア・レスポンス)活動に見られるやり取りの様相—手順の指示と活動の展開との関連に注目して」日本国語教育学会大学部会18年度第二回研究会　大学部会活動報告.

大島弥生・池田玲子・大場理恵子・加納なおみ・高橋淑郎・岩田夏穂(2005)『ピアで学ぶ大学生の日本語表現—プロセス重視のレポート作成』ひつじ書房.

Johnson, D.W., Johnson, R.T. and Smith, K.A.(1991) *Active Learning: Cooperative in the College Classroom,* Edina, MN: Interaction Book Company.(D.W.ジョンソン・R.T.ジョンソン・K.A.スミス著　関田一彦監訳『学生参加型の大学授業—協同学習への実践ガイド』2001　玉川大学出版部.)

◎分析からヒントを得る

2章5節　留学生と日本人学生の
　　　　ピア活動の留意点

岩田　夏穂・小笠　恵美子

▶ピア活動での会話を分析から、指導のヒントを提案する

1　はじめに

　昨今の留学生の増加に伴い、留学生と日本人学生が同じ立場で学ぶ場面が多くなりつつある。留学生が参加する文章作成のクラスでピア・レスポンスを含むピア活動を行う場合、留学生の言語的な制約は、教師にとって気にかかるところである。ここでは、大学初年次対象の文章表現のクラスで行われたピア活動でのやり取りの分析の報告を通して、多様な背景を持つ学生が参加する授業に効果的にピア活動を取り入れていく方法を提案したい。

2　対象とした授業の概要

　この授業(週1回90分、12–13回)では、一本のレポート作成のプロセスを学ぶ過程で、随時ピア活動に参加する。留学生は、この授業と同じテキスト使って日本語のサポートを受けるが、それ以外は他学生と同条件で授業に参加し、課題をこなす。

3　やり取りを管理する表現とキーワードの利用

　アウトライン時のピア活動では、主に日本人学生が、「まず〜について述べて、それから、〜について述べます」、「質問があるんですが」といった話し合いをメタ的に捉える表現を使うことで、スムーズなやり取りの展開に貢献していた。

　一方、留学生は、「結論」「本論」「再生する」「動機」等、レポート作成のキーワードを使って話し合いの方向付けを行っていた。

【会話例1】　Jのアウトライン説明　（Jが日本人学生、Cが留学生の発話）
　　　　J　ぎゅ、あとは牛乳の代わりに豆乳を使って
　　　　C　うーん
　　　　J　だいたい
▶　　　C　そいで結論は？
　　　　J　で、結論はー

　会話例1は、日本人学生が自分の作ったレポートのアウトラインをピア相手の留学生に説明している場面である。矢印で示した発話は留学生が日本人学生に結論に関して説明するように促しており、日本人学生はそれを受けて、説明を進めている。つまり、ここでは留学生が話し合いの主導権をとって方向付けを行っている。こうした方向付けをする発話は、上記の会話例のほかに、「じゃあお願いします、再生してください」、「じゃあ、本論から、はい」などが見られた。ここで使われた「結論」「再生する」「本論」は、活動の手順やレポートの構成を説明するために授業中やテキストで示された語彙である。

　このようにすでに獲得した語彙を使って活動の手順を追うという行為は、日本人学生と留学生の両者で見られた。テキストや教師の説明にある語彙表現の使用を通して、話し合いの目的が明確な活動展開が可能になるといえよう。また、それぞれが独自の役割を担って活動に参加することで、互いに対

等な話し合いが促進できる。したがって、教師は学生に、これらのメタ表現やキーワードに注目させ、これらを活動に取り入れるように促すといいだろう。

4 相互理解を目指して協力的に参与する

　アウトラインの内容について質問やコメントをするやり取りでは、留学生と日本人によるペアも意見を交換している。会話例2は留学生による意見提供の例である。

【会話例2】　Jのアウトラインの内容に対するCの意見提供
　　　J　その後ーその後ーこうーサプリメントのいいところに行くんだけどー
　　　　　ここと―　　　［ここがー
▶　　C　　　　　　　　　［ちょと　ここには　長いすぎ
　　　J　長いよ［ねー
　　　C　　　　［うん　長い

　会話例2では、日本人学生が自分のアウトラインについての疑問箇所を示しかけたとき、留学生が先取りするように意見を述べることでレポートの改善のために協力し、日本人学生がそれを受け入れている。会話例2のように、相手のアウトラインについて意見を言うというタスクでは、留学生も同等の立場で相手への評価を行うことが可能なことがわかる。

5 語彙に関する問題

　留学生とのピア活動の特徴として、語彙情報のやり取りが多いことが挙げられる。やり取りが語彙情報に偏るというマイナス面がある一方で、留学生・日本人学生両者にプラスに働く面もある。留学生にとっては外国語によって行うピア・レスポンスで未知の語の意味についてしばしば起きるやり

取りが語彙学習につながる可能性があり（池田 1999）、日本人学生にとっては留学生との語彙に関する情報交換が後に内容吟味のきっかけとなる様子が観察された。会話例3は、日本人学生が留学生の未知の語（鼈甲）の意味を説明する場面である。

【会話例3】

  J 何かねー、あたしも作り方わかんないんだけど、カメの甲羅を一使ってーなんかーあのー細工？　あの　かんざしとか、昔だったらかんざし？かんざし知ってる？　着物ー　あ、日本人のー昔のえ- 女の人がー髪につけるーこうアクセサリーみたいな　とかー
      （中略）
  J <u>でもいま鼈甲とかー今も使ってるのかなあ</u>、でも昔は一日本も結構使ってたみたいからー

　日本人学生は「鼈甲」を例を挙げながら説明した。その後、留学生が日本人学生に「人間にとって（鼈甲の原料である）ウミガメが重要か」について質問した際（会話例3の中略での発話）、日本人学生は下線部のような発話をしており、当初自分が書いたアウトラインにある「鼈甲」がはたして現在のウミガメの重要性の根拠になるか否かを考えている。この疑問は、先の「鼈甲」の説明をめぐるやり取りで生じたものである。つまり、語の意味のやり取りの過程で自身の主張する内容の根拠に疑問が生じたということであり、レポートの内容の再検討につながる可能性を見せている。

　以上のようなプラス面がある一方で、ペアの中には、限られた活動時間のほとんどが語彙の説明や漢字の読み方に費やされ、肝心の文章やアウトラインの内容吟味が十分にできない場合があった。ピア活動でスムーズに口頭で説明をするために、留学生には、前もってレポートに使用した語彙の読み方や意味を確認しておくこと、日本人学生には、難解な表現や専門語彙を平易に言い換えることの重要性を認識させる必要があるだろう。

6 ペア、または小グループでの留学生の参加

　ピア活動では、どのように学生同士を組ませるかが重要なポイントである。留学生の場合、3人以上の小グループでは、十分に参加できない可能性がある(Zhu 2001)が、ペアの場合、留学生が多様な機能の発話を駆使しており、発話機会の確保が実証されている(岩田・小笠 2007)。特に日本人とのやり取りやピア活動の手順に慣れない段階では、小グループよりペアのほうが、留学生の言語面、精神面での負担が軽減されると考えられる。

参考文献
池田玲子(1999)「日本語作文推敲におけるPRの効果　中級学習者の場合」『言語文化と日本語教育』17: pp.36–47.

岩田夏穂・小笠恵美子(2007)「発話機能から見た留学生と日本人学生のピア・レスポンスの可能性」『日本語教育』133: pp.57–66.

Zhu, W. (2001) Interaction and feedback in mixed peer response groups. *Journal of second language writing* 10: pp.251–276.

2章6節　チーム・ティーチングでの教員の協働

◎分析からヒントを得る

大島　弥生

▶異分野同士の教員の協働による授業のあり方を考える

1　専門分野の教員と言語教育分野の教員との協働

　授業活動における協働的アプローチの実践は、学習者同士だけでなく、教員同士においても可能ではないだろうか。留学生に対する専門日本語教育においても、日本語教員と専門科目の教員との協働によるチーム・ティーチングの実践報告がある（五味 1996; 中村 1991; 西谷 2001; 深澤 1994; 山本 1995; 横田 1990 等）。どの報告でも、専門分野の教員と日本語教員の適切な役割分担の重要性が指摘されている。語彙指導面での協力にとどまらず、専門分野の教員特有の発問・説明の仕方を知ること（山本 1995）や、専門分野の教員が留学生にどのような産出を求めているかについて知ること（五味 1996）が、大きな利点であることがわかる。また、チーム・ティーチングの前には、互いの役割分担をできるだけ明示化しておいたほうがよいとも指摘されている。

2　チーム・ティーチング授業の中でなされていること

　異分野の教員が同一教室に入る授業においてチーム・ティーチングの役割

分担が、実際の授業での言語行動や発話内容にどう表れるのだろうか。大島（2004）は、初年次の日本語表現科目での事例の分析から、「背景の異なる教員の言語行動から表出するカテゴリーの違いを、意図的に授業内容の伝達と結びつけるタイプ」での専門の教員が授業で果たしている主な役割として、

　①大学での将来の学習と眼前の授業での作業の意味とを結びつける
　②文章の「コト」、すなわち内容・知識・情報の側面について言及する

という2点を指摘している。他方、言語の教員の発話の果たす主な役割には、

　①授業活動の「司会者」として振る舞う
　②文章の形式的・言語的側面について主に言及する
　③専門教員の発話を取り込みながら（「難しいこと」が出されたら、教員への「質問」「言い換え」も行う）、それを眼前の作業課題と関連づける

という3点をあげている。

3　チーム・ティーチング授業の発展可能性

　大学のさまざまな業務が増大する今日、人的リソースは拡大しにくい。とはいえ、仮に、日本語表現科目で15人ずつの少人数クラスを大量に設置するならば、その授業の何回かに30人の合同クラスでのチーム・ティーチングを導入してもよいだろう。あるいは、概論科目と日本語表現科目、情報リテラシー科目と日本語表現科目というような、異分野の教員が担当する科目同士を連携させ、内容面は概論科目で、文章構造や表現の面は日本語表現科目で扱い、長文を完成させるという方法であれば、協働しやすいかもしれない。

　異分野同士の教員の協働の利点は、授業の中にとどまらない。その科目についての理解者を広げ、大学生活での言語表現能力の真の発揮の場と訓練の場との乖離を、このような理解者の増大によって縮めることにあるといえる。

参考文献

大島弥生（2004）「専門科目の教員と言語の教員とのチーム・ティーチングの中での指導と助言」『日本語学』23(1): pp.26–35.

五味政信（1996）「専門日本語教育におけるチームティーチング―科学技術日本語教育での日本語教員と専門科目教員による協同の試み」『日本語教育』89: pp.1–12.

中村重穂（1991）「専門教官と日本語教官との協働による社会科学系留学生のための上級日本語教育――一橋大学に於ける実践報告」『日本語教育』74: pp.172–185.

西谷まり（2001）「内容中心の日本語教育」『留学生教育』6: pp.19–33.

深澤のぞみ（1994）「科学技術論文作成を目指した作文指導―専門教員と日本語教師の視点の違いを中心に」『日本語教育』84: pp.27–39.

山本一枝（1995）「科学技術者のための専門文献読解指導―チームティーチングによるMIT夏期集中日本語講座」『日本語教育』86: pp.190–203.

横田淳子（1990）「専門教育とのつながりを重視する上級日本語教育の方法」『日本語教育』71: pp.120–133.

イントロダクション

3章　統合的アプローチで授業をデザインする

大島　弥生

▶ 授業の中で、複数の技能訓練を統合する
▶ 授業の中で、「コト(内容・知識面)」と「ことば(言語面)」の学習を統合する
▶ 授業の中で、複数分野での学習を統合する

1 「統合的アプローチ」による授業のデザインとは

1.1 「統合的アプローチ」で授業をデザインする

　この本では、「協働的アプローチ」とならび、「統合的アプローチ」による事例も提示している。ここでの「統合的アプローチ」は、従来狭い範囲に偏りがちであったことばの学習を、さまざまな目的や訓練と同時に展開させることによって、幅を広げていこうとする試みのことを指している。

　ここでの「統合」とは、言語や文章の産出プロセスを意識して複数の技能訓練を統合するという発想、異分野の教師間の協働を進めて複数分野での学習を統合する発想、内容・知識に関する気づきを表現する力の獲得、すなわち、「コト(内容・知識)」と「ことば」の学習を統合するという発想を指している。本章では、このような発想をもとにしたコースのデザインについて説明する。

　一般に、言語教育の分野では、コース・デザインの段階で4技能(読む、

書く、聞く、話す)を別々に扱わず、状況に応じて各技能を自然に、連続的に用いさせるという手法を「技能統合」あるいは「統合的技能の指導」と呼んでいる。また、ESP(English for Specific Purposes)の指導においては、学習者が最終的目標である職場や学術の場面で円滑に課題を遂行できるように、ある場面での各技能を統合的に使用させるような指導が行われている。この本では、訓練における4技能の統合および訓練と現実の言語使用場面との統合という特徴に加え、言語的側面の学習と他の側面(たとえば、学習技術、機関が学生に期待する大学生としての心構え、専門分野の概論的知識など)の学習との統合、あるいは教室での学習とeラーニングなどの複数のメディアを通じた学習との統合をも含め、「統合的アプローチ」として扱うこととした。

以下、このイントロダクションの2項では、近年大学初年次を中心に広がっている「日本語表現法」の関連科目を中心に統合の可能性を考える。さらに、初年次から専門教育段階までの大学授業での日本語表現能力育成の可能性を考える。これらの科目には、狭い意味でのことばの学習と、学習技術や学習態度、専門分野の概論知識など、ことば以外の要素の学習とを統合させる余地が多くあると思われるからである。3項では、「統合的アプローチ」での授業の流れを紹介し、デザインのし方について考える。

1.2　先行研究との関係

　大学での書くことの教育を知識の獲得や構造化とつなげようという発想は、本書以外にも見られる。

　井上(2005: 103)は、大学での書き方のスキル学習について「どう書かせたら知識の構造化につながるのかという教授法から最適なコースをデザインし、それをカリキュラムに位置づけていくことが必要となる」と述べている。そして、「一人のあるいは一つの授業枠でデザインされる授業論ではなく、カリキュラム論として論じていかねばならない」と主張している。これは、大学での授業のデザインを考えるうえで、非常に重要な指摘であり、大

学での書くことの指導についておそらく初めて包括的に語られた論であるといえる。

　また、井下（2005）では、学士課程の教育内容を知識の広がり（専門性－一般性）と教育の質（生産的－生成的）の2軸で区分けし、4領域でのライティングを取り入れた授業を類型化している。その中で、ライティングにおける知識の構造化の重要性を指摘し、「ベーシック・スキル習得型授業」と「基礎演習型授業」でとられる知識叙述型ライティングの方略から、「知識の構造化を支援する講義型授業」と「ディシプリン習得型授業」（卒業論文・研究計画書）における知識構成型ライティングの方略への転移について考察している。

　従来、大学での書くことの指導は狭義の言語表現能力育成として捉えられてきたが、このように知識の構造化という点から見直す試みは、新たなカリキュラム構築を考えるうえで画期的な指摘といえる。ただ、たしかに従来の大学での導入期の書くことの指導に関しては、知識叙述型ライティングに偏りがちであったかもしれないが、大学での導入期の授業において、ベーシック・スキル指導を通じた知識叙述型ライティングしか行えないというわけではないだろう。本章では、とくに、書くことを含めた言語表現の指導に、より広い学習を統合させていくアプローチについて考えたい。

1.3　この本の中の「統合的アプローチ」による授業のデザインの事例

　本章の各事例では、このような発想に基づき、多様な対象者に対応し、状況に則した実現を可能にするためのアイデアを提供している。ここでは、統合的アプローチの発想に基づいたカリキュラムを、コース・クラス・運営システムのモデルの単位に落とし込んで紹介している。その中には、パラグラフ・ライティングを通じて思考力とコミュニケーション能力の訓練を統合する、eラーニングと教室授業とを統合する、多人数のオリエンテーション的活動と日本語表現能力育成を統合する、日本語についての学びと言語表現能力育成を統合する、留学生に対するレジュメ作成指導・就職面接指導・日本

事情教育と日本語表現能力育成を統合する、などのアイデアが含まれている。これらの報告によって、「大学生の日本語」表現能力育成の分野に関与するさまざまな背景の教師にとって、状況に応じた実践を容易にすることを目指している。

2 大学の日本語表現関連科目での統合を考える

　以下ではまず、「ことばの学習を他の学習と統合する」という発想について、どのような幅がありうるか、日本語表現関連科目を題材に考えたい。

2.1　日本語表現関連科目の広がり

　近年、大学初年次を中心に、レポートの書き方や発表のし方など、大学で必要とされる基本的な日本語能力を育成する科目が広がっている。名称は「日本語表現(法)」「言語表現(法)」「国語表現(法)」など、さまざまである。筒井(2005)はこの種の科目を「日本語表現法」と総称し、「日本人の大学生に日本語の書き方、話し方、学問の学び方などを教える授業や演習(p.49)」と定義している。同書によれば、「日本語表現法」科目の先駆は学習院大学で木下是雄氏が推進した「言語技術教育」であり、90年代から私学から国立大学へと広がって本格化したという。また、特徴としては、担当者が言語能力育成の、つまり「ことば」の非専門家であること、講義形式が少人数の実習主体であること、情報や意見をわかりやすく伝える手段としての日本語を取りあげていることなどが挙げられるという(pp.1–4)。

　日本語表現関連科目の中で行われる活動や取りあげられる文章ジャンルは多岐にわたっている。筆者はここ数年各校の情報を集めてきたが、その結果、日本語表現関連科目の中での文章や活動には、漢字・語彙の増強や間違い探しの訓練、二人以上で組んで相手に地図や図形を伝えるインフォメーション・ギャップを用いた活動、ブックトーク(本を読んで内容を紹介・発表する)、「○○大学と私」や「私の夢」といった将来についての考えを書か

せる・発表させる活動、さまざまな文章ジャンルを書き分ける活動、手紙・メールなどの実用文や敬語を用いた場面会話の訓練、「○○と私」といった自己を掘り下げる文章の制作と学生同士の相互鑑賞、小論文からレポート制作への指導、小規模な調査と提案型の発表など、さまざまなレベルや目的のものが見られた。

　また、初年次には、いわゆる「基礎ゼミナール／基礎演習」科目(以下「基礎ゼミ」)が設けられているケースが多い。この科目と日本語表現関連科目には、レポートの書き方の導入など、共通点が多い。どちらにもさまざまなタイプがありうるが、「あるテーマについて、考え、調べ、話し合い、レポートを書き、発表する」という過程が盛り込まれた科目であれば、以下に述べるような手法をとりうると考えられる。

2.2　日本語表現関連科目でできること

　日本語表現関連科目がどんな文章や会話を学習対象とするかで、授業内の学生間、学生―教員間の言語行動(質問やコメントなどのことばによる働きかけ)やその中で引き出される思考の質は異なってくる。もちろん、学習目標や対象学生のレディネスに応じて、授業で扱う文章や活動を変えることができる。また、「コト(内容・知識)」と「ことば」のどちらに重きを置くかで、活動の重点が異なる。

　ここで、日本語表現関連科目の守備範囲を暫定的に整理しておきたい。図1は、日本語表現関連科目の中で文章作成の指導として統合しうる範囲を、試みに①〜③の要素に大別して羅列したものである。

　左の①の部分にある語彙力、漢字力、「非文・悪文」を書かないことなどは、より一般性が高い言語能力であり、狭義の「ことばの指導」では、これらの点の訓練や注意喚起が重点的に行われている。語彙力や漢字力は、比較的測定しやすいものであり、ある時間をかければ、目に見える成果を得やすいものだといえる。漢字能力検定などを利用しながら独習させることも可能なので、リメディアル(補習)教育段階や入学前の遠隔学習などにも取り入れ

やすいと考えられる。

　一方、中央②の部分の用字用語・構成や書式の適切性や、効果的伝達のスキルは、状況や文章ジャンルによって異なってくるものであり、「一般的」に指導することは難しい。これらの力の向上には読み手を意識することが不可欠であるため、読み手からのフィードバックが効力を発揮する。訓練の際には、ジャンルを指定し、特定の状況を設定して行う必要がある。また、いわゆる授業の「レポート」を書くには、その授業のテーマや課題レベルに応じた内容や情報を集め、選択し、そこから書き手の主張したい主題を導き出し、それを文章中に明確に示す力が要求されることが多い。つまり、①の部分の狭義の言語能力だけでなく、後述の③の要素も、②には関係している。

①より一般性が高い文章表現能力	②ある状況やジャンルに固有の文章表現能力	③文章に反映すると考えられているもの
語彙力、漢字力 非文を書かないこと 悪文を書かないこと 一般的な文章構成能力	その文章の目的や読み手に応じた構成・書式・用字用語を適切に選ぶ力 その文章の読まれる状況に応じた効果的伝達のスキル（図表や数値を扱うスキル） その課題レベルに応じた内容や情報の選択とそこから文章の主題（書き手の主張）を導き出す力	思考力、分析力 既有知識の量・質 情報収集・活用力 課題に対する意欲・態度・作業量 読み書きと学習の習慣 大学生としての振舞い、価値観 集団の文化、期待

←「ことば」志向　・・・・・・　「内容」「コミュニティ」志向→

図1　文章表現教育として統合しうる範囲

　③の部分には、大学生の書いた文章に反映していると考えられている要素を示した。「レポート」などの文章には、知識の質と量、どれだけ情報を収集して活用したか、それらの知識・情報をもとにどれだけ思考と分析を行ったかが表れるとみなされている。これらは文章の「コト（内容・知識）」の面

である。さらに、「コト」のレベルの高低と「ことば」の表現の適切性には、普段の読み書きの習慣と学習の蓄積、課題に対する意欲・態度・作業量が反映されていると考える読み手も多い。これらの要素は、日本語表現関連科目の中だけで養成できるものではない。そこには、書き手が「大学生」としてどう振舞うべきと考えているかという価値観や、書き手が属する集団（クラスやゼミやサークルなど）の文化、学生に対する周囲からの役割期待の度合いといった、その文章の書き手読み手の「コミュニティ」のあり方までが影響するのではないだろうか。文章作成に統合しうる要素は多様であるといえる。

　このように、日本語表現関連科目の守備範囲は広い。図1の①に重点を置いた狭義の「ことばの訓練」を志向するタイプから、③のような学習共同体づくりや学習習慣の養成を文章作成に統合した「コミュニティ志向」のタイプや、知識や思考の練磨と文章作成を統合した「内容志向」のタイプにまで及ぶ。実際には、①と③の両方の要素を取り込んで特定の状況下での表現力の養成を目指す、中間的な②のタイプの授業が多いのかもしれない。これらの中でも、③の「コミュニティ志向」「内容志向」のタイプは、形態によっては「基礎ゼミ」の手法に近づいてくることが予想される。

2.3　大学教育の各段階での日本語表現関連科目のあり方を考える

　つぎに、前述の日本語表現関連科目の志向性の幅をもとに、大学教育の各段階（移行・初年次・導入教育～基礎・教養教育の段階、専門教育・キャリア教育の段階）で行われている授業活動の仮の類型化を試みたい。

　以下の2つの図は、各段階でしばしば行われる日本語表現関連の指導の重点について、横軸の左寄りに「ことば志向」、右寄りに「コミュニティ志向」「内容志向」のものを配し、縦軸として課題文章が「他者の説得を志向」するか「書き手の内面の掘り下げを志向」するかによる分類を配して、仮の布置を行ったものである。もちろん、これですべての指導を網羅しているわけではなく、また段階や分類も絶対的なものではない。これらは、あくまで

102　3章　統合的アプローチで授業をデザインする

も、日本語表現関連科目の目標設定をするうえでの目安もしくはたたき台として仮に配置したものである。

　科目内部のバリエーションとしては、図2、3に示したような志向の幅がありうる。図中の横方向の「ことば」志向、「内容」「コミュニティ」志向とは、産出する文章や音声言語そのものの質をあげることに集中するか、「環境問題」「大学とは何か」といったテーマについての追求を課題作成の中で同時に行うか、あるいはグループでの討論や発表などを通じた学習コミュニティ作りを重視するか、といったコース目標の志向の幅を示している。

　図中の縦方向の他者の説得を志向、内面の掘り下げを志向とは、論文・レポート・口頭発表のような他者の説得や他者への報告を主目的とした公的な文章や言語行動を主たる目標とするか、文章作成を通じた自己との対話、内面的な掘り下げを主目的とするかという志向の幅を示している。

```
                        他者の説得を志向

        パラグラフ・ライティング      批判的読解、論証
        論理的な文章                説明と知識把握のための文章
                                  情報検索・情報倫理
「                                 コンピュータ・リテラシー      「
こ      語彙力・構文力・表記の                                 内
と      基本の学習                                            容
ば  ─────────さまざまなジャンルの文章の作成と約束事の学習─────────  」
」                                                           「
志                        文章を通じたコミュニケーション         コ
向                                                           ミ
                                                             ュ
                        自己表現を通じてお互いを知る活動          ニ
                                                             テ
        自己を見つめ、表現する文章                              ィ
                                                             」
                                                             志
                                                             向

                        内面の掘り下げを志向
```

　　　　図2　大学教育の各段階での日本語表現関連の指導の重点①
　　　　　─移行・初年次・導入教育～基礎・教養教育段階で多く行われるもの─

図2に示したように、基礎教育の段階では、論理的な説得力の育成を目指す指導が広く行われている。たとえば、3章1節の「多人数・短期集中授業でレポートを導入する」が、初年次の導入教育の一環として行われた事例となっている。一方で、文章作成を通じて自分自身を知る・お互いを知るといった内面の掘り下げを目指した指導の志向もあると考えられる。

　専門教育の段階では、「日本語表現法」などの科目名での指導は少なくなるかもしれないが、一方で演習や卒業論文指導のゼミなどで、よりアカデミックなジャンルの文章作成が始められる。たとえば、3章3節の「専門教育と言語表現教育を統合する」は、専門課程の日本語学演習に日本語表現教育の方法を統合させた例である。また、就職を意識したキャリア教育には、自己を表現することが不可欠であるため、日本語表現教育の手法と親和性が高いと考えられる。たとえば、3章5節の「就職活動の準備から学ぶ」は、

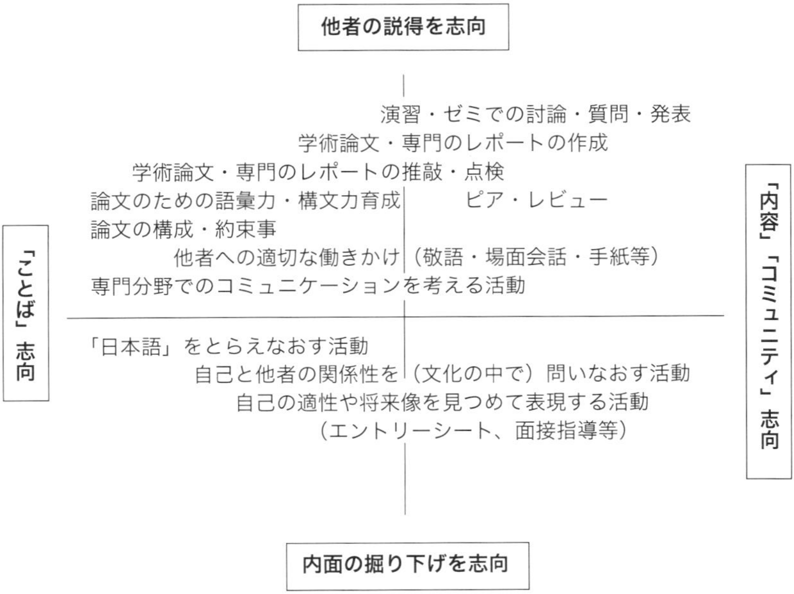

```
              他者の説得を志向
                    │
              演習・ゼミでの討論・質問・発表
              学術論文・専門のレポートの作成
         学術論文・専門のレポートの推敲・点検
    論文のための語彙力・構文力育成    ピア・レビュー
    論文の構成・約束事
           他者への適切な働きかけ（敬語・場面会話・手紙等）
      専門分野でのコミュニケーションを考える活動

    「日本語」をとらえなおす活動
         自己と他者の関係性を（文化の中で）問いなおす活動
            自己の適性や将来像を見つめて表現する活動
              （エントリーシート、面接指導等）
                    │
              内面の掘り下げを志向
```

左：「ことば」志向　　右：「内容」「コミュニティ」志向

図3　大学教育の各段階での日本語表現関連の指導の重点②
　　―専門教育・キャリア教育段階で多く行われるもの―

日本社会のキーワードの学習と留学生に対する就職へ向けての準備を統合した試みである。

このような仮の整理を通じて再考すると、「日本語」の「表現」の指導を通じて行えることの範囲は、あらためて広いことがわかる。

実際には、日本語表現関連科目にせよ「基礎ゼミ」にせよ、内容や目的以外に、クラスの形態によって活動や学習成果が規定される面もある。たとえば、少人数か否か、学生同士の関係性は強いか弱いかによって、クラスのあり方は異なってくる。また、課題文章や発表を学生が1人で作成するか、作成に学生同士が相互に関与するかによっても、文章作成の過程で学生が選択する表現方法の方向性がかなり異なってくる。担当教員の専門分野を授業活動・言語行動の場とするか、それとは別に中立の話題を設定するかによっても、教員のコメントの方向性が違うだろう。また、教員＝教授者か、教員＝活動のファシリテーターかという関与の違いが活動や学習成果の質に与える影響も大きい。

本来、大学での日本語表現指導の科目デザインを考える上では、今までのように単独の科目のシラバスを検討するだけでなく、科目間相互の棲み分けやリンクについても、もっと考えなければならないだろう。以下では、科目間のリンクなども含めて、ことばの学習とほかの科目の学習とを統合させる授業の流れについて考えたい。

3　統合的アプローチの授業の流れ

3.1　さまざまな科目でのレポート作成時の活動に統合できること

日本語表現能力の育成を主に扱う科目以外でも、大学でのほとんどの科目で「レポート」が課されているだろう。このようなさまざまな授業で行われるレポート作成時の活動にどのような学習を統合して盛り込めるだろうか。それを検討するために、例としてパラグラフ・ライティングにのっとったレポートのアウトラインや本文を点検する中にどのような活動を入れられるか

を考えたい。

　レポートのアウトライン作成やパラグラフの書き方を指導する場合、教師添削の前に、自己推敲、学生同士の協働推敲（ピア・レスポンス）による点検を行うことも多いだろう。たとえば、2章1節の「プロセスを重視してレポートを作成する」でも述べたように、パラグラフ・ライティングにのっとったアウトラインや本文の点検活動を行う際には、学習者内・学習者間でさまざまな質問を切り出させることが可能である。たとえば、「この題は論じる意義があるか？」「この文章の目標規定は？」「キーワードの定義は？」「その例で何を言いたいのか？」「その事例は主張を十分に支えているか？」「そのデータの信憑性は？」「その情報は適切に引用されているか？」といった質問は、「ことば（表現・構成）」の面の点検・吟味であると同時に、「コト（内容・知識・情報の妥当性）」の面の点検・吟味ともなっているといえる。一見ことばの点検に見える「中心文は明確か？」「主張は一貫しているか？」「文にあいまいさはないか？」「語句や書式は適切か？」「序章の問題提起に応じた結論になっているか？」といった質問であっても、レポートの内容の整合性やそのジャンル・分野での用字・用語・構成の適切性を考慮しなければ、判断しづらい。

　このように、パラグラフ・ライティングによる論証を指導する際には、「ことば」だけの指導とはなりえず、「内容」と「ことば」の両面から点検・吟味・推敲を繰り返すような授業デザインが必要となってくる。「論理的な文章を書く」ことの指導は、「ことば」の狭い面だけを切り離して行うことができないものだといえる。

3.2　「内容知識と分析の視点」と「日本語表現能力の育成」を統合する

　このように考えてみると、「基礎ゼミ」はもとより、ある分野についての「内容（知識・情報）」を学ぶ基礎科目や概論科目や専門科目でも、レポート作成の活動を内容の学習と同時に走らせることによって、上述のような点検作業を通じた学習を引き起こすことができる。たとえば、哲学科なら哲学概説、

106　3章　統合的アプローチで授業をデザインする

哲学入門のようなものが考えられるだろうし、工学にしても他の分野でもそれぞれ内容知識や分析方法を教える授業があるだろう。これらの概説的科目と同時に日本語表現能力養成を行うというわけだ。図4はその流れを表す。下半分の矢印が「内容」面の学習の流れ、上半分の図形がそこに乗せた「ことば」の面の活動を表している。このような流れの随所で点検作業(自己点検、学習者同士のピア・レスポンス)を入れれば、「内容」と「ことば」の両面から各自の主張や論理構成を点検し、それを通じて新たな知識の獲得を図れる。また、内容知識と分析の視点を、日本語表現能力と並行して養うことができる。

　もし時間的に1コマの授業で両方を行うことが難しければ、「内容」に関する科目と日本語表現関連科目をリンクさせて、2つで1つのセットとしてデザインすることも可能だろう。以下の図4、5、6は、科目間のリンクのイメージを表したものであり、それぞれ下段の図形が日本語表現関連科目の流れ、下段の図形が「内容」に関する科目の流れを示している。

　図4は概論科目・基礎科目・基礎演習科目・専門科目等とのリンクの例である。たとえば、「環境保護」というテーマだとしたら、「環境とは何か」「今、何が問題か」といった知識面の吟味を概説科目で行い、それに沿った

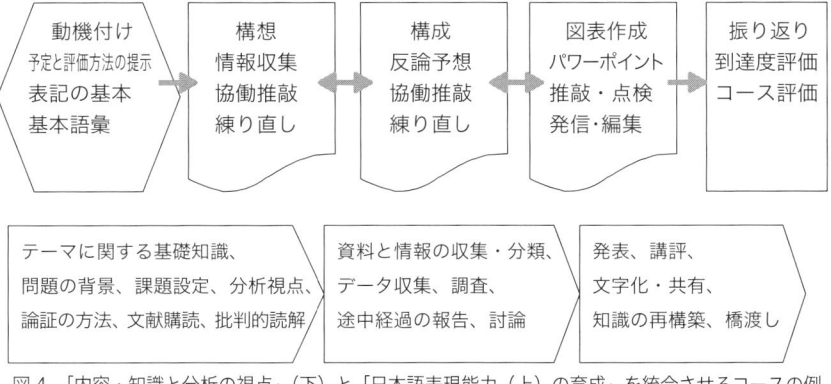

| 動機付け　予定と評価方法の提示　表記の基本　基本語彙 | 構想　情報収集　協働推敲　練り直し | 構成　反論予想　協働推敲　練り直し | 図表作成　パワーポイント　推敲・点検　発信・編集 | 振り返り　到達度評価　コース評価 |

| テーマに関する基礎知識、問題の背景、課題設定、分析視点、論証の方法、文献購読、批判的読解 | 資料と情報の収集・分類、データ収集、調査、途中経過の報告、討論 | 発表、講評、文字化・共有、知識の再構築、橋渡し |

図4　「内容・知識と分析の視点」(下)と「日本語表現能力(上)の育成」を統合させるコースの例

レポート作成の各段階の作業を日本語表現関連科目で行うのである。

　これらのような幅広い科目においては、あるテーマについての体系的な知識や、その分野でのコトの分析の視点を学んでいる。期末レポートが課せられることも多いが、たとえば多人数授業のケースなどでは、個々のレポートへの十分なフィードバックは難しい。このように、日本語表現関連科目とリンクさせれば、背景となる内容・知識や分析視点、資料検索の方法等は「内容」関連の科目で扱い、そこでの議論を踏まえたレポート作成の作業自体を日本語表現関連科目で行うというやり方が可能になる。日本語表現の指導においても、単独の科目より特定のテーマについての絞り込みや掘り下げがしやすいといった利点もあるだろう。

3.3　学習技術と「日本語表現能力の育成」を統合する

　つぎに、「学習技術とことばの学習を統合する」という発想について、情報関連科目と日本語表現関連科目を題材に考えたい。

　情報検索やPC利用等の学習技術を初年次の科目等で教えているケースは多い。コンピュータを用いた学習の指導は、とくに広く行われているものだろう。「コンピュータ・リテラシー」という名称で授業が設けられているこ

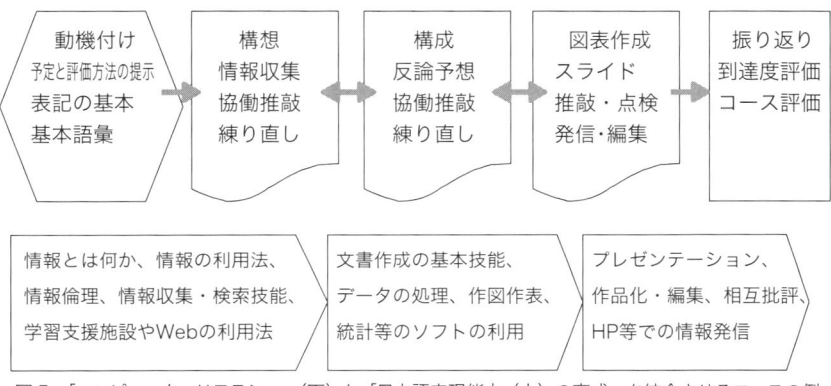

図5　「コンピュータ・リテラシー」（下）と「日本語表現能力（上）の育成」を統合させるコースの例

とが多い。しかし、単なる技術の指導では、情報を選択しつつ取り入れて、吟味し、主張にあわせて構成し直すという主体的なリテラシーは育たない。図5の下段の図形はコンピュータ・リテラシーの育成を、上段の図形は日本語表現能力の育成を表している。やはり、ここでも、レポートや発表などの日本語表現能力育成の活動と統合させることで、応用力のあるリテラシーを獲得できると考えられる。

　さらに、上記のようなコンピュータ・リテラシーとことばの学習の統合ばかりでなく、IT環境そのものを学習者のコミュニティ作りに利用するような授業も可能である。本章の事例の中では、3章2節「テーマをWeb空間で協働作成する」がこのバリエーションに当たる。

3.4 「専門分野の学び」と「日本語表現能力の育成」を統合する

　専門分野の学びをことばで表現させる課題は、従来「レポート」として広く行われてきている。これが、ただ「提出すればいい」といったおざなりなものに終わるか、表現の吟味と知識の再構成をともなう充実した課題となるかは、まさに授業のデザインにかかっている。書くプロセスや学習者協働などの発想を取り入れた授業デザインについては、これまでのところで解説してきた。そこで、以下では、専門分野の中で行われるコミュニケーションに

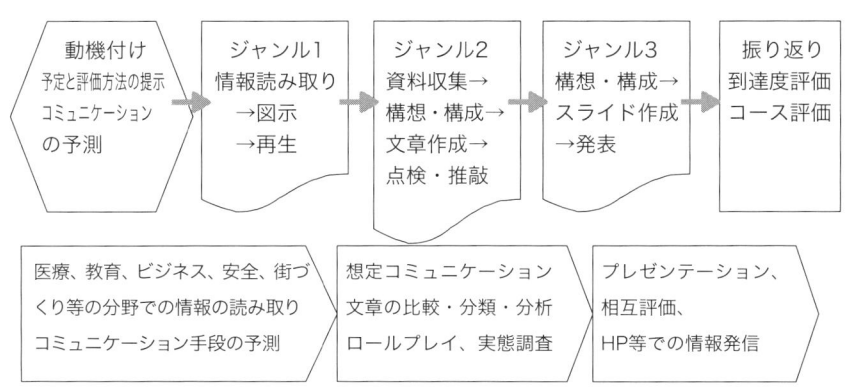

図6　当該分野で起こるコミュニケーション自体を予測し、分析し、疑似体験するコースの例

目を向けさせるタイプの例を紹介したい。

　専門教育が対象としているフィールドには、医療、教育、ビジネス、安全管理、街づくりといった、特有のコミュニケーションを持つものがある。たとえば、企業と消費者のコミュニケーション、医師と患者のコミュニケーション、行政と住民のコミュニケーションなどをめぐっては、双方の理解のギャップが指摘され、改善が要請されているものも多くある。そこで、専門教育の科目の中で(部分的であっても)当該分野で起きる可能性のあるコミュニケーション自体を予測させ、疑似体験させる(学習者同士のロールプレイなど)、実態調査をさせるなどの活動を経て、その結果から問題点や特徴を分析し、よりよいコミュニケーションのあり方を提案・発表させるような授業デザインが考えられる。図6はその授業の流れを示したものである。

　このような流れを体験した上で専門分野の諸問題について考えることで、単に部外者的に知識を暗記したり安易に批判したりするだけでなく、当事者として分析や提案を真剣に考える機会を得られるのではないだろうか。

　さらに、専門分野での学びで発見したことを、討論や発表を通じてレポートに練りあげることで、知識と表現の両方を吟味する授業は、応用範囲が広くなる。事例の中では、3章3節「専門教育と言語表現教育を統合する」と2章3節「看護学部の表現技術教育でピア活動を行う」がこのバリエーションに当たる。

4　まとめ

4.1　「統合的アプローチ」の適用範囲

　このように、「統合的アプローチ」の適用範囲は、狭い意味でのことばの関連の授業にとどまらず、そのほかのすべての科目に及ぶ。また、図書館や学習支援センターなどのリソースのあり方とも関わってくる。あらゆる機関で、そこの状況に合った統合のあり方が開発可能であるといえる。本章で紹介する事例が、そのアイデアを広げるきっかけになれば、うれしく思う。

参考文献

井下千以子(2002)「考えるプロセスを支援する文章表現指導法の提案」『大学教育学会誌』(24)2: pp.76–84.

井下千以子(2002)『高等教育における文章表現教育に関する研究―大学教養教育と看護基礎教育に向けて』風間書房.

井下千以子(2005)「学士課程教育における日本語表現教育の意味と位置―知識の構造化を支援するカリキュラム開発に向けて」『大学教育学会誌』(27)2: pp.97–106.

向後千春・筒井洋一(1999)「表現科目授業実践の共有化と流通を教育工学から考える」『大学教育学会誌』21(2): pp.87–90.

筒井洋一(1996)「富山大学における「言語表現科目」の新設とその意義」『一般教育学会誌』17(2): pp.157–162.

奈良雅之・筒井洋一・向後千春・小林勝法(1998)「大学教育における基礎・教養・言語表現等演習に関する検討―科目名と内容を中心に」『大学教育学会誌』20(2): pp.141–146.

山田礼子・杉谷祐美子(2008)「ラウンドテーブル 初年次教育の「今」を考える―2001年調査と2007年調査の比較を手がかりに」『大学教育学会誌』30(2): pp.83–87.

山田礼子(2012)『学士課程教育の質保証へむけて―学生調査と初年次教育からみえてきたもの』東信堂.

吉倉紳一(1997)「大学生に日本語を教える―必修『日本語技法』新設の顛末」『言語』26(3): pp.18–26.

3章1節　多人数・短期集中授業でレポートを導入する

大場　理恵子

- ▶ オリエンテーション活動と日本語表現能力育成を統合する
- ▶ 多人数・短期集中授業でレポートの書き方を学ぶ
- ▶ 参加型・課題遂行型授業で活動を通してみずから気づく
- ▶ 大教室における知識注入型授業を避ける

1　授業のデザイン

1.1　どんな授業か

　この授業は、必修フレッシュマン・セミナーの一環として行われた「レポートの書き方」講座[1]（全3時限短期集中）である。また、対象は学科新入生全員、1クラス70–150人ほどの多人数、大教室での授業、事務的な補佐をするティーチング・アシスタント2名という条件での実践例である。多人数・短期集中といった物理的制約下で実施する場合でも、講義型・知識注入型の一方的・受動的授業にならないように参加型・課題遂行型授業を意図した。

　なお、このような授業方法は少人数や中規模人数の場合にも適応できる。より少人数である利点を活かし、教師と学生および学生同士コミュニケーションを取りながら活動を進めると、効果が高いだろう。具体的には、各自の活動結果をクラス全体で共有する、ペアやグループで考えを出し合うなどの活動を増やすことができる。

1.2　なぜこのデザインを選んだのか

　多人数・大教室授業においては、学生は集中力を欠きやすい。それは、受身の学習姿勢になりやすく、個々人が集団の中に埋没してしまうからだろう。このような欠点を補うために、授業は講義形式ではなく、学生の積極的参加によって成り立つ「課題遂行型」とした。また、短期という条件で、学生が課題に取り組み、間違えたり苦労したりすることによって「そうだったのか」という気づきを生じさせることを意図した。

　筆者もこの授業を担当した初年度、少なくない学生の私語や居眠り、また、あたかもＴＶ画面を眺めるかのような無表情・無反応に悩まされた。そこでの気づきや改善のために試みた工夫についても合わせて紹介したい。

1.3　この授業の目的

　この授業の目的は短期という制約もあり、学生が「レポートが書けるようになる」ことではなく、「レポートを書く際に気をつけるべきことに気づく」ことである。

　教師が「レポートの書き方」に関する知識・ノウハウを学生に与えることのみに重点を置きすぎると、一方的な知識紹介に陥り、大教室の学生の集中力を削ぐことになる。また、あれもこれも教えたい・身に付けさせたいとばかりに詰め込みすぎると、時間的にも内容的にも消化不良ぎみの授業となってしまい、かえって効果の少ない授業に終わってしまう可能性がある。学生の側からすれば、「いろいろためになることを教えてもらったが、頭には残っていない」ということになりかねない。

　こういった点を考慮すると、短期集中の授業は、何を学ばせるかを思い切って絞り込むことが重要ではないだろうか。そして、課題遂行体験を通して学生自身に「気づかせる」ことが、学生の中に何かを残すことになるだろう。

　この授業では、具体的には「伝えるコツに気づく」「論理的文章のポイントに気づき、自己チェックできるようになる」「レポートの文体・表記のルールを知り、自己チェックできるようになる」「レポートの一般的構成を知る」

「レポートを書く手順を知る」等を目標とした。

2 授業の内容と流れ

2.1 授業の流れと留意点

各時限内の流れと留意点は以下の通りである。

【第1回】

| 【1】この講座で学ぶこと、ルールを理解する | ◁ | 遅刻・私語厳禁などのルールをはじめに周知徹底させることが大教室の場合とくに大事。 |

▼

| 【2】伝えるコツを体験によって実感する
・アイスクリームの作り方説明ゲーム
　TV「伊東家の食卓」のビデオを見て、ビデオを見ていない人に作り方を説明するという仮定で、ペアで説明しあう。お互いの説明のわかりやすかった点、工夫が感じられた点を挙げる
・連絡網ゲーム(詳細は後述) | ◁ | TVの活用は学生の興味・関心を一瞬にして集めるために有効。 |

▼

| 【3】伝えるコツを意識して、小論文を書いてみる | ◁ | 課題は自分の体験などで書ける身近なものにする。また、未完でもOKとしてハードルを低くする。 |

【第2回】

【1】論理的文章のポイントを理解し、自分の文章の論理性をチェックする
・批判的読解
　文章を読んで、主張が一貫しない部分や主張を支える理由に説得力がない部分を探す
・自己チェック①
　自分の小論文の主張の一貫性などを自己チェック

▷ 自分の書いたものをいきなりチェックさせるのは難しい。その前に同じテーマで改善すべき点を含む文章を読ませて気づかせるほうが容易。自己チェックも論理性と表記レベルの2段階で行う。

▼

【2】レポートの文体・表記のポイントを知り、自己チェックできるようになる
・文体・表記の誤りを修正する(詳細後述)
・自己チェック②
　自分の小論文の表記レベルのチェックおよび修正

▼

【第3回】

【1】レポートとは何かを知る
・小論文とレポートの違い
　小論文とレポートの違いを考える(出題者の意図を汲む必要性を説明)

▼

【2】レポートの一般的な構成を知る
・パラグラフ並べ替えゲーム
　パラグラフの中心文に着目して、順番をばらばらにされたパラグラフを2分で正しく並べ替える。より短時間に全体の構成を読み手に掴ませるために必要な改善案を提示。「序論・本論・結論」構造の説明と小見出し、道案内的表現の必要性を説明。

▷ いきなり知識として「序論・本論・結論」構造を教えるのではなく、なぜその構造が必要なのかをゲームで実感させる

```
┌─────────────────────────────────┐         ┌──────────────┐
│ ・一般的なレポートの構成          │         │必要な知識を説明す│
│   一般的なレポートの構成のモデルを重要な用語を穴埋│  ◀──    │るときは，学生がそ│
│   め記入しながら確認する。       │         │れをシートに記入す│
│                                 │         │るという作業として│
│                                 │         │課題設定するとよ │
│                                 │         │い。           │
└─────────────────────────────────┘         └──────────────┘
                ▼
┌─────────────────────────────────┐
│【3】レポートを書く手順を理解する │
│ ・レポートを書く手順             │
│   どのような手順でレポートを書くのか、各人でフロー│
│   図を考える。数人が板書し、教師が良い点を解説す │
│   る。その後、解答例を配布。     │
└─────────────────────────────────┘
                ▼
┌─────────────────────────────────┐
│【4】まとめ：参考文献・資料配布   │
└─────────────────────────────────┘
```

2.2 活動の特徴と実践の工夫

　前述のように、参加型・課題遂行型の授業を行った。以下、授業を参加型にするための工夫・仕掛けを説明する。

（1）課題はトライ＆エラー型にする

　学生は、まず課題に取り組むことによって、失敗したり迷ったり苦労したりする。それによって、自らポイントに気づくように意図した。その後、課題のポイント解説およびそれに関連する知識の講義という流れにより、講義を一方的な知識注入ではなく、自らの気づきの確認、修正、深化という位置付けで聞くことができる。具体例は後述する。

　課題を作成するのに留意した点は、課題の意図がわかりにくいものを排除すること、また、課題が自分で取り組みやすいもの・難度が高すぎないものとなるようにした点である。まず自分でしてみるものなので、学生のしてみようという意欲を削がないためである。

　課題を遂行させるにあたって留意した点は、事前に知識の説明はしない

が、「何のためにこの活動をするのか」については学生に説明することである。「何のために」ということが明示されていないと、学生は活動に意義を見出せず、積極的に活動に取り組まなかったり、反発したりする。また、活動の意図を明示することによって、気づきのヒントとなる場合がある。もう一つの留意点は、学生に「間違えても大丈夫」というメッセージを直接または間接的に伝えることである。間接的に伝えるとは、教師が学生の発表・発言・活動の誤りを否定的にコメントせず、そこから学ぶべきことへつなげていくことである。

(2) 多様な活動を設定する

2.1で示したように、同じ時限内に多様な活動を設定している。たとえば、1限目はシートの空欄補充（書く）、TV視聴（見る）とその後のスピーチ（話す）、ゲーム的活動（聞く・話す）、などである。多様な活動を設定する意図は、1つは学生の興味・集中力の維持を図るためである。もう1つの意図は、授業のリズムを生き生きとさせるためである。ただし、リズミカルな授業を試みるあまりに、1つの課題に割く時間が少なすぎると、問題が生じることがある。たとえば小論文を書いたり、それを自己修正したりする課題の場合、時間に余裕がないと、学生は達成感を持ちにくいため不満を表明することがある。

また、活動の種類のみならず、活動形態も多様性を持たせた。たとえば、1人でやる課題、ペアでやる課題、1人でした後にペアでする課題等である。4人程度のグループでの活動を試みた年度もあったが、3回程度の短期集中・多人数授業では、グループを組むメンバー同士が初対面のことが多く、なかなか活動に積極的になれないという問題が生じた。また逆に友人同士のグループだと、おしゃべりタイムに終始する学生が少なくなかった。ペアの場合にも同様の問題が起こる場合もある。ペアが初対面の時には、ピア・レスポンスのようなある程度の人間関係構築が必要な活動は、今回のような短期集中授業では難しいことがある。活動の種類を慎重に選ぶことが必要である。

(3) ワークシートに記入させる

　課題活動は必ずその過程や結果をワークシートに記入させるようにした。また、講師の講義部分もキーワードや重要ポイントを空欄補充の形で記入させるようにした。最近の学生は決まった枠に答えを書きこむ活動を意外に好むようだ。また、ワークシートを各時間後に提出させ、評価の一部とした。

(4) 感想シートを記入させて、それに対してレスポンスする

　学生からの感想は、各授業後、感想用シートに書かせた。感想用シートは感想、意見、質問を自由に書くための欄を設け、その下に「つぶやき」という欄を設けた。「つぶやき」欄を設けたのは、ここに学生の感情の表出(例：大変だ。めんどうだ。楽しかった等)や、学生の本音が書かれることを狙っているためである。

　書かれた学生の感想・意見などを取り入れ、次の時間の授業を改善したり、次年度の授業計画の参考にしたりした。

　また、シートに書かれた学生の質問、意見、感想については、質問に答える、意見に対する教師の見解を述べる、感想に対する教師の感想を言う等、積極的に次の授業の冒頭で触れるように心掛け、大教室授業が少しでも教師と学生の双方向コミュニケーションになるように意図した。

(5) 教師の態度に留意する

　課題活動中は、教師が大教室を隈なく机間巡視し、取り組みへの促し、アドバイス、プラスの評価等、積極的な声がけをした。教師は講義の際の口調よりもカジュアルな口調で話しかけ、質問や発言をしやすい雰囲気を心掛けた。

　また、全体授業で学生に発言・発表をさせた場合は、できるだけその発言を活かすように心掛けた。

　正解があるような知識問題(表記の修正問題など)の回答を促す場合は、わからなかったり自信が無かったりする場合は「パス」と言って、回答しない自由をあらかじめ与えた。これは、教師は学生が課題に正解できるか否かを重要視していないことを示すため、また、大人数の前で学生が必要以上にプレッシャーを感じないようにするためである。

当たり前のことではあるが、多人数・大教室では特に、教師の聞き取りやすい発声・理解しやすい速度での話し方が重要である。特に、活動の手順の理解が活動に取り組むまえに教室全体に不徹底であると、活動の遂行が困難になるだけではなく、私語が多発する。そこで、活動の手順などはゆっくり、丁寧に説明することを心掛けた。

(6) 授業ルールを徹底させる

遅刻・私語厳禁という授業ルールを1限目の冒頭で説明し、ルールの実施を徹底するように心掛けた。初年度の実践では、遅刻者が多く、活動に支障をきたしたこと、私語が多発したことが反省点として残ったためである。そこで、次年度から前述のルールを設定し、そのルールと意味について学生に説明することにした。遅刻については、この授業が活動型授業であり、遅刻すると活動についていけなくなること、私語については、自分が学習する権利を放棄するのみならず、他者の学習する権利を奪うことになること等をルール設定の意味として説明した。

(7) TAを活用する

各授業に数名のティーチング・アシスタント(以下TA)を配置してもらった。多人数・大教室クラスにおいて、授業を効率的に行うためである。具体的には資料配付や提出物の回収・整理、出席カードの配付と回収、遅刻者に対する対応、活動の補助(たとえばペアを作る際)、私語をする学生への注意等をTAが行った。その他、授業中に回覧する各科の卒論実物準備もTAに依頼した。また、TAは大学院生であったので、受講学生の先輩として、授業中にコメントを依頼することもあった。

3　具体的な活動と実践の工夫

3.1　活動①　連絡網ゲーム

◇活動の特徴と目的

AとBのペアで、Aのみが知る情報をBに口頭で伝達する(連絡網を電話

で伝達するという状況）。インフォメーション・ギャップのある状況下で、実際に情報の「話し手」「聞き手」になることによって、聞き手にとってわかりやすい情報伝達のし方、話し方に気づくことが目的である。

◇活動の手順と留意点

1) ペア（A・B）になる。
2) OHP（次ページ参照）でAにメモを見せる。Aはワークシートにメモをとる（同時に、BはOHPを見ないように机に伏せる）。Aがメモをとったら、OHPを消す。
3) ペアでAはメモを見ながらBに口頭で連絡する。Bはそれを聞きながらワークシートにメモする。
4) ペアでメモを見せあい、情報が正しく伝達できたかどうかをチェックする。
5) 何人かのAにどのように伝えたかを言わせる。
6) 何人かのBにAの話を聞いているときにどう思ったかを言わせる。
7) 教師が以下のポイントを説明する：聞き手にわかりやすい話し方を考える。聞き手を「どこに連れて行かれるのか？」と不安にさせない。

◁ 1) 大教室でペアを作らせるのは時間がかかる。授業開始前に全員起立させ、ペアが作れたところから着席させておく。TAにうまく誘導してもらうとよい。

◁ 4) ここでは、いったん達成感を感じることができる。しかし、より上手く効率的に伝える方法について、以降考えさせていく。

◁ 6) 「量多すぎ」「疲れた」「どこまで続く」などの正直かつ否定的な意見が出る。

◇OHP例と留意点

・6/15　2限山下先生の講義、日本語の辞書持参 ・6/21〜22の田中ゼミ合宿に参加希望者は5/31までに田中先生に申し込み ・明日1限　山田先生の英語　休講 ・キャリアアップセミナーの申込書未提出者は、明日昼休みまでに、キャリアセンター（1号館）に提出	情報量をある程度多くする。多くの情報を説明するのには、どういう工夫をしたら伝わりやすいのか(例、4つの情報をどの順番で言ったらよいか、1つの情報内はどの順番で言ったらよいか等)を考えさせるため。また、聞き手に「漫然と伝えられると不安になる」という感情を持たせるため。

3.2　活動②　文体・表記の誤りを修正する

◇活動の特徴と目的

　修正の必要な文章を、指定されたポイント(文体、句読法、主観的表現、表記)にしたがって修正する。目的はレポートの文体・表記のポイントを知り、自己チェックできるようになることである。

◇活動の手順と留意点

1) 各自ワークシートの文章を見て、レポートとして適当ではない表記・表現に下線を引き、その下に正しく書き直す。 2) マイクを回して訂正個所を一つずつ挙げていく。TAは筆記係としてOHPに記入する。	2) わからなければ「パス」してもよいルールにして、ゲーム的にマイクを次々回していく。

3) 文章修正課題（文体、句読法、主観的表現、表記）終了後にプリント「よりよい文のためのチェックポイント」を配付する。
4) 1限目に自分の書いた意見文を各自チェックする。

◇修正課題

> フリーターってのは、高校とか大学なんかを卒業しても進学も就職もしないで、アルバイトで収入を得て生活してる若者のことである。フリーターを選んだやつは、「仕事にしばられずに夢を追いかける」なんて言っているみたいだけど、ちょっとあまいんじゃないかと思います。ってゆうか、やっぱ、ぼくは、こんな若者は好きじゃないなあ。フリーターがどんどん増えてるっていうけど、ほんとかな？　なんで増えてるんだろう？　フリーターの実態と、フリーターが増えた原因について調べてみようと思います。

3.3　評価方法

　この実践では、成績評価は出席と提出用シートで行った。提出物の成果そのものの評価というより、取り組みの姿勢を評価した。

4　実施してみてわかったこと

4.1　実践の結果：失敗例とその改善

　ここでは、実践の中での失敗例とその分析、改善について述べたい。
　初年度は、前述のように私語が多く、真面目に授業を受けようとする学生の妨げになるほどであった。そこで、以下4つの改善を行った。

① 宿題を設定しない…1限目の宿題をやってこない者が続出し、それを前提とする2限目の課題遂行に支障をきたした。一般に、宿題を出すことが不適切であるとは思わないが、短期集中授業かつ参加型授業の場合、宿題をやってこないとその影響が非常に大きくなるので、できれば避けるか、内容を慎重に吟味する必要がある。
② グループ活動を設定しない…前述したように、4人程度のグループでの活動も試みたが、グループを組むメンバー同士が初対面で、なかなか活動に積極的になれなかったり、逆に友人同士のグループで、私語を始めてしまったりした学生が少なくなかった。翌年からグループ活動を回避した。また、ペアの活動も内容を吟味した。
③ 課題の意図を明示する…講座の各目的間のつながりに欠け、各目的に応じた課題の流れと意図が学生にわかりづらい部分があった。翌年より、課題は意図が明確な活動に変更し、活動意図を「ねらい」として学生に明示した。
④ 私語厳禁をルール化する…最初の数人の私語を看過したことによって、私語が教室全体に広がっていった。翌年から遅刻・私語厳禁という授業ルールを1限目の冒頭で説明し、ルールの実施を徹底したところ、私語はほとんどみられなくなった。ただし、すべての私語を禁ずるというルールによる弊害と欠点についてもさらに考察する必要はあると考えている。

　また、次年度は2限までの小論文を題材にした内容から3限目のレポートを題材とした内容に飛躍があったため、「難しかった」「わかりにくかった」という感想が多かった。そこで、翌年は「小論文とレポートの違いを知る」という目的で、授業で書いた小論文と今後書くであろうレポートとの差異を論理性、形式の両面から認識させる課題を追加した。

4.2　学生の反応から

　上記のような改善を経ての実践に対して、学生のアンケート上での評価は

相対的には高かった。また、自由記述では参加型授業に対する楽しさ・満足・驚き等の表明(例「このような授業は初めて」)、新しい知識を学んだことに対する評価、今後役に立つことへの期待や予測、教師の話し方や熱心さ、授業のわかりやすさに対する評価等が見られた。一方で、形式(引用のし方、章に分けることなど)を守る必要があるといった説明に対し、「型にはめないで欲しい」「独創性を認めないのか」などを不満として挙げるものも数人存在した。レポートの型の持つ意味・意義や文章のジャンルによる目的の相違について、より明確に説明すべきであることを教師が認識し、以降の指導の改善につなげた。

　また、学生の評価アンケートには数字やコメントとしては出てこないが、教師の意図する「参加型授業」に「乗ってこない」、すなわちできれば寝ていたい、私語をしていたい、サボりたいという態度の学生も依然として毎年一定数はどのクラスにもいたことも事実である。

5　集中・多人数授業の発展の可能性

　以上、多人数・大教室授業のマイナス傾向を克服しようとする、日本語表現の「参加型・課題遂行型授業」の試みを報告した。

　今後の課題としては、以下の2点を挙げたい。まず、集中・多人数授業という制約における、より深い学生同士の学び合いが可能な参加型学習[2]の可能性の模索である。この参加型学習の事例は、学生の主体的気づきや授業への積極的参加、集中力の持続という目的を意図するものであるが、「学生同士の学びあい」にまで至っていないと考えている。時間的・物理的制約によって失敗に終わったピア・レスポンスも、再度何らかの工夫を試み、伝えあうことの喜びや伝えあうことの困難さを体験する、よりよい課題や形式を追求できるのではないかと考えている。次に、講座が実践に活きるものになることを考える必要性がある。短期集中講座で学ぶ知識・経験には限りがある。それを学生一人一人が実践に際して、どう活かせたのか、どう発展させ

ていったのか、もしくはどんな点が活かせなかったのか、そもそも活かそうとしたのかといった実態を把握し、講座内容や方法の見直し、学部・学科の教師との連携などについても検討する必要があると考えている。

注

1 この教育実践は、2002年度は影山陽子氏と大場、2003年度は清水知子氏・小笠恵美子氏と大場、2004年度以降は清水知子氏と大場による実践である。コースデザイン策定・授業プラン作成・課題の考案・授業資料の作成・講義の実践等、先生方の尽力無くしては成し得ないものであった。ここに記して感謝の意を表したい。また、1時限目課題2の「伊東家の食卓」のスピーチは、鈴木啓司氏のアイディアである。テレビ番組の使用は、学生の興味・関心を一瞬にして集めるのに大きな効果を発揮する。しかし一方で、教師の意図する目標に合致する素材を探し出すことは大変難しいことである。多大な労力と時間をかけて探し出した最適な素材の使用を許可し、録画テープも快く貸してくださったことに御礼を申し上げたい。

2 杉江(2004)は多人数授業で進める協同学習として、150人と200人クラスでスモール・グループを活用した半期の授業実践を紹介している。

参考文献

島田博司(2002)『私語への教育指導―大学授業の生態誌2』玉川大学出版部.

杉江修治(2004)「学生の参加を促す多人数授業」杉江修治・関田一彦・安永悟・三宅なほみ(編著)『大学授業を活性化する方法』:pp.9–55. 玉川大学出版部.

田中毎実(2003)「大学授業論」京都大学高等教育研究開発推進センター編『大学教育学』:pp.21–38. 培風館.

溝上慎一(2003)「学生主体形成論―学生の世界から大学教育を考える」京都大学高等教育研究開発推進センター編『大学教育学』:pp.107–133. 培風館.

3章2節　論文テーマをSNSを使ってWeb空間で協働作成する

石井 一成

▶ 読み手を意識してレポートのテーマを作り上げる
▶ 協働アプローチの活動をSNSを通して補強する
▶ 授業空間を超えて学習コミュニティを構築する
▶ 学生の意見交換とネットワークを可視化する

1　授業のデザイン

1.1　授業デザインの前提状況

　この授業は、2章1節の授業、すなわち「レポートの書き方と発表の仕方を学習する」ことを目的に開設された1年生前期授業科目に、Webコミュニケーションを取り入れた応用例である。2章1節では、レポート作成のプロセス全体を授業内で扱い、その過程で教員からのコメントや学習者同士の相互コメントを取り入れて、何度も文章を練り直すというデザイン（プロセス・アプローチ）と狙いが紹介されたが、そのプロセスを、eラーニングの導入で補強する方法を模索したものである。したがって、人数や規模の前提は、2章1節と同じであるが、加えて教員側にはブログ開設や運用ができる程度のPCリテラシーが必要となるだろう。

　教員がPC操作に不安がある場合は、ティーチング・アシスタント（TA）として大学院生や先輩学生を活用する方法がある。今日の学生はWebリテラシーが高いので、学習メディアとしてWebツールを使う活動に抵抗感はあまりないだろう。

1.2 このデザインを選んだ理由

　大学でのレポートや小論文の課題は「先生に出して終わり」のことが多く、プロセスを学習することは少ない。そこで、2章1節では、学習者間の協働(ピア)活動を取り入れた実践が紹介されているが、ペアやグループ活動が思うような効果を出せない事態がよく起こる。

　たとえば、授業では知識習得に時間を割くことも多く、「テーマを練り上げる活動をするには時間が足りない」、「ペアやグループの活動では集団のダイナミクスや相性の問題も出るため、相手によって協働活動の効果が出にくい」、「口頭の意見交換はその場限りになりやすい」、等の点が挙げられる。

　このような協働活動上の欠点を補おうと、担当授業でWeb上のコミュニケーション・ツールを用い、レポートのテーマ作成の協働実践を試みた。学習メディアとしてのWeb空間(携帯コンテンツ等も含む)に対する学生の親和性は高い(石井2005)。本実践では、近年、mixiやGREE等で耳目を集めるSNS(ソーシャル・ネットワーキング・サービス)を用い、授業活動を補完しつつ、予習と復習に関与する対面補強型eラーニングの実践事例として報告したい。

1.3　SNS(Social Networking Service)とは

　SNSとは、近年、注目されている「携帯やPC上の会員制Webサービス」を指す。参加者は、日記・メール・画像を公開し、掲示板機能(＝コミュニティ)で特定トピックの意見交換をすることができる(図1参照)。最近は、安価で運営も容易なツールの入手が可能になってきている(2007年現在)。SNSを使ったことのない方は、ぜひ一度使ってほしい。

1.4　SNSを使うと何ができるのか

　一般に、SNSには以下の機能がある。(図1)
① IDとパスワードで携帯とPCからメッセージの書き込みと閲覧ができる
② 参加者の間で、メールアドレスを通さずに、日記・メール・画像・プロ

2節　論文テーマを SNS を使って Web 空間で協働作成する　127

フィール等の公開・交換ができる(図2)
③ 本やWeb サイト等の情報の紹介ができる

ここに今週の宿題等教員から授業に関する指示が出せる

SNS は、ID とパスワードでトップ画面の中に入り、コミュニケーションを図ることが可能な会員制のWeb空間

図1　SNS のトップ画面

④ 運営者(＝教員)が、授業に関連した指示を授業参加者だけに出せる

プロフィールの公開

日記・メール・画像等を書き込んだり、他の学生のものを閲覧したりできる

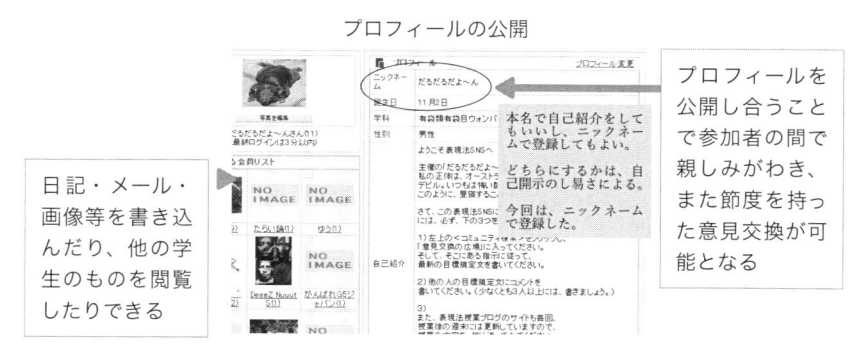

プロフィールを公開し合うことで参加者の間で親しみがわき、また節度を持った意見交換が可能となる

図2　プロフィールの公開画面

　授業関係のコミュニケーションがSNS上のツールだけで実現できるうえ、携帯にもメッセージが行くため、情報共有、各種ルールの周知徹底、コミュニケーションの深化等が期待できる。教室での学習コミュニティにおける教員と学生の間の一体感や親近感をより一層強めることができる。
　本実践では、レポートのテーマ表現である目標規定文(木下 1994)(「序論に示すレポート内容を簡潔に要約した一文」)を練りあげる過程でSNS を使

用した。次章では、授業開始前に必要なSNS設定等の準備とコース・デザインを紹介する。

2 事前準備と授業の流れ

2.1 学期開始前の準備の流れ

【1】システム運用の事前準備
・SNS運営業者の選定（注1：図3参照）
・トップ画面のデザイン
・マニュアル作成（学生の不安を低減させ、使用意義と使用方法を説明）

▼

【2】システムの運用開始
・SNS運営業者への登録手続き終了後、運用開始
・学生が目標規定文やコメントの書き込みがしやすいように、あらかじめ事例のサンプルを書いておく

▼

【3】学習のデザイン
・「目標規定文（第1稿）の掲示」「教員によるコメント」「学生同士でコメントをつけあう」「修正文（第2稿）の掲示」などを「いつどのように書き込ませるか」「どう成績評価に反映させるか」を事前にデザインしておく

2.2 授業の流れと留意点

以下コースの進行は2章1節の事例に沿ったものである。SNSでの活動は、下線部分である。

2節　論文テーマをSNSを使ってWeb空間で協働作成する

【第1週】オリエンテーション
・SNSによる活動を簡単に告知

▼

【第2-3週】「練る」「調べる」段階
・情報収集と整理のし方を導入
・「構想マップ・思考マップ」でテーマを練る
・ピア活動でテーマについて質問しあう
・先行登録者（ヘルパー）募集と登録の促し（約10人）
・目標規定文について、定義や特性を知る（後述活動①参照）

◁ ヘルパーに本格稼動の前に書き込ませ、他学生を参加し易くする。ボーナス点等で登録のインセンティブを与える。

▼

【第4週】「しぼる」段階
・情報カードの分類からテーマをしぼる
・「問いと答え表」で問いを切り出し、「目標規定文」に落とし込む
・目標規定文を学生全員に掲示させる。さらに他の学生の目標規定文を3点以上選ばせ、コメントをつけさせる

◁ 目標規定文がある程度完成した学生は、アウトラインの作成を許可し、別の掲示板コーナーに書き込ませてもよい。

▼

【第5-6週】「組み立てる」段階
・アウトライン第1稿をピアで推敲
　・この段階で、SNSを使った本実践は一旦、終了

◁ 余裕があれば、学生のアウトラインを別の掲示板に掲示させ、意見交換する等、次の実践へ移行するとよい。

※注1. 最近は、SNSを無料で開設できるサービスも増えている（図3）。SNSには、登録するだけで簡単に参加できるものもある。本実践のように、わざわざ設置するのではなく、既存のSNSに参加して、そこで実践することも可能である（ただし、機能に制限がある、運営のフォローがない等の制約もある）。

130　3章　統合的アプローチで授業をデザインする

図3　例．無料のSNSポータルサイト　PEOPLE（2012年11月現在）

3　この事例で用いた活動

3.1　活動①「目標規定文」の性格規定（定義と特性）と提示
◇活動の特徴と目的

　活動①は、SNS上でのコミュニケーション（活動②）に備え、「目標規定文とは何か」、「どのような表現構造を持つのか」、「なぜ作成するのか」について、しっかり理解させ、動機づけをすることが狙いである。

◇活動の手順と留意点

　今回はオーソドックスに授業で説明した。まず、目標規定文の定義と特性を規定し提示した。合わせて不適切・稚拙な例も紹介し、ある程度のレベル以上の規定文を作成するよう促した。下に学生への教示例を示す（図4）。

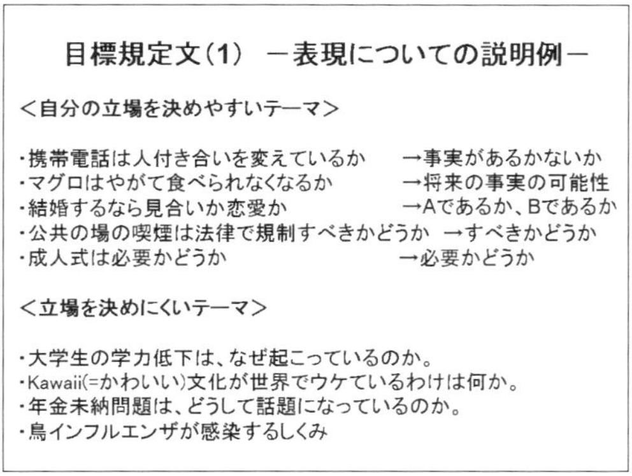

```
目標規定文（1） －表現についての説明例－

＜自分の立場を決めやすいテーマ＞

・携帯電話は人付き合いを変えているか    →事実があるかないか
・マグロはやがて食べられなくなるか      →将来の事実の可能性
・結婚するなら見合いか恋愛か            →AであるかBであるか
・公共の場の喫煙は法律で規制すべきかどうか →すべきかどうか
・成人式は必要かどうか                  →必要かどうか

＜立場を決めにくいテーマ＞

・大学生の学力低下は、なぜ起こっているのか。
・Kawaii(=かわいい)文化が世界でウケているわけは何か。
・年金未納問題は、どうして話題になっているのか。
・鳥インフルエンザが感染するしくみ
```

◀ 実際の授業では、レポートのテーマとして、立場を決めずに理由や現象を説明させる課題も多いと思われるが、本実践では立場を決めやすいテーマで目標規定文を作るように指示することになっている。

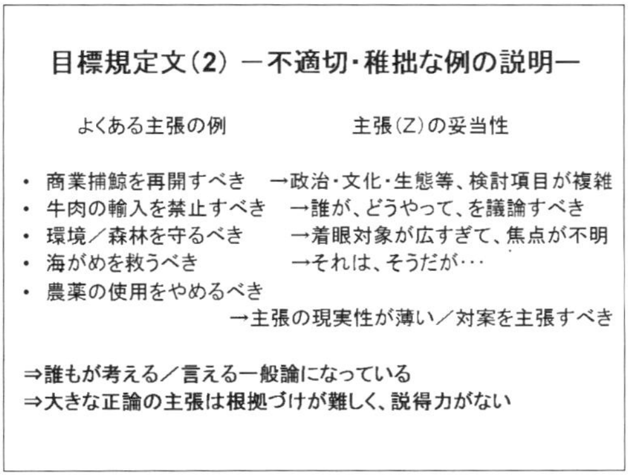

```
目標規定文（2） －不適切・稚拙な例の説明－

    よくある主張の例              主張(Z)の妥当性

・商業捕鯨を再開すべき      →政治・文化・生態等、検討項目が複雑
・牛肉の輸入を禁止すべき    →誰が、どうやって、を議論すべき
・環境／森林を守るべき      →着眼対象が広すぎて、焦点が不明
・海がめを救うべき          →それは、そうだが…
・農薬の使用をやめるべき
                            →主張の現実性が薄い／対案を主張すべき

⇒誰もが考える／言える一般論になっている
⇒大きな正論の主張は根拠づけが難しく、説得力がない
```

◀ ここでは活動の前に説明したが、あまり先手を打って、学生の自由な発想を縛りたくないという場合、とりあえず目標規定文を書かせてから、その後でフィードバックとして教示する方法もある。

図4　学生への教示例

3.2　活動②　目標規定文の掲示および、参加者との意見交換

◇ 活動の特徴と目的

　活動①を踏まえ、各自が自分のレポートのテーマを考え、目標規定文を作成する。その際、独断的に作成して終わりにするのではなく、教員や他の学生と意見交換をし、修正を重ねて練りあげるプロセスを経ながら、読み手を意識した文章作りの実際を体験する。

◇ 活動の手順(図5参照)

1) 活動①の後、各自、オリジナルの目標規定文（第1稿）を作るために、思索をめぐらせる。まずは机上で紙に書かせてもよい。
2) 教員はSNS内に学生が目標規定文を書き込めるように、1つの掲示板（＝コミュニティ）を設置しておく（たとえば、「意見交換の広場」と命名）。
3) 学生は、目標規定文を「意見交換の広場」に書き込む。また、他の学生の目標規定文に対し、疑問や異論、賛意等コメントをつけるように指示する。
4) 教員は、できるだけ目標規定文にコメントをつけ、また他の学生にコメントをつけるように促す。

4　実施してみてわかったこと

4.1　この実践がもたらすメリット

　SNSを使った実践により、以下の4点を教育上の効果として挙げたい(石井 2006)。

(1)　コメント交換による「励まし合い効果」

　「2ちゃんねる」等、匿名性の高い掲示板に比べ、SNSは自己紹介つきの閉じた空間であり、穏やかで建設的なコメントがつきやすい特性を持っている。コメントに対するお礼のコメントも見られ、コミュニティを盛り上げている。

(2)　学生の偏在知識・未知情報を補いあう「相補性効果」

　コメントの中には、本やURL等情報の所在を教えるという行為が見られた。学生は教員が思っている以上にさまざまなリソースを持っている。個々の学生の中で潜在的に眠っている情報を掘り起こせる可能性を確認した。

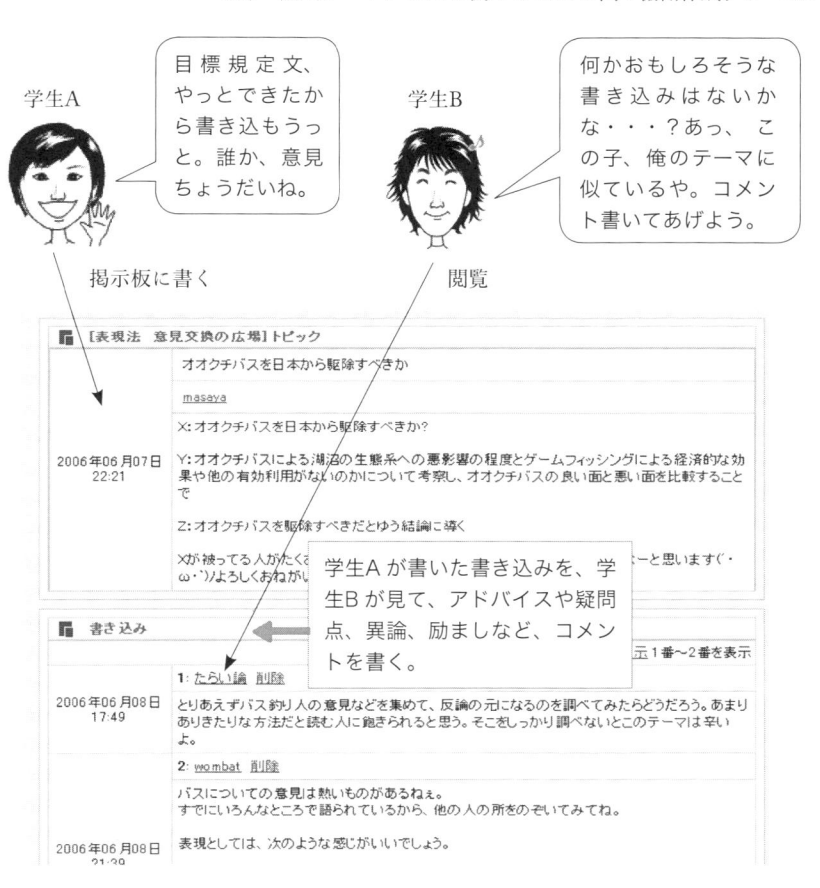

図5　SNS上の活動の実際例

(3)　学生のテーマ構想や思考過程の「共有効果」

　SNSを使うことで、「他の学生は何を考えているか／どのような表現をしているか／表現や論理構成のどんなところを指摘されているか」等を可視化することが可能になった。これはコミュニティ表示の一覧性により、学生が作成した文書が整理・網羅され、共有しやすくなったためである。

(4)　教員が指導しやすい「作業効率の上昇効果」

　(3)とも関連するが、コミュニティ表示に一覧性や網羅性があるために、

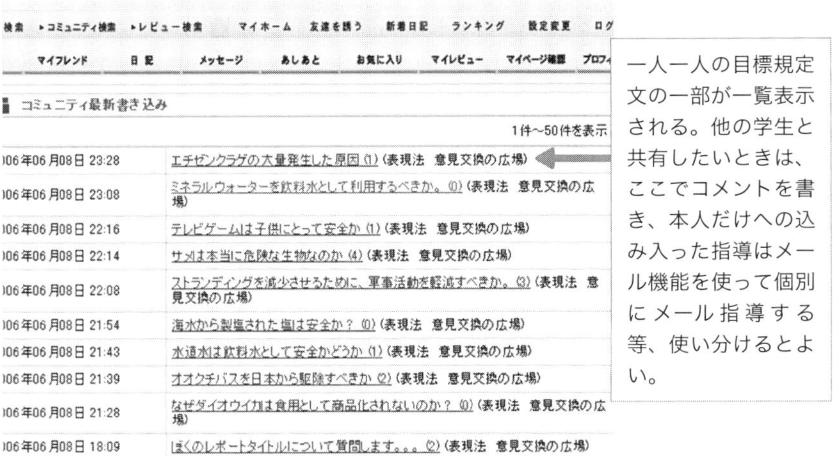

134　3章　統合的アプローチで授業をデザインする

図6　学生が書き込むコメントの一覧表示

教員の指導効率も上がる(図6参照)。よくあるメールや通常の掲示板だけでは作業場が分散するため、この利点は期待できない。実践後の集計では、掲示トピックの件数は81件で、目標規定文の掲示数はそのうち67件、1つの目標規定文に対するコメント数は平均2.46件であった。私見だが、議論を深めるには、1つの規定文に対しコメントが3件以上あるのが望ましいだろう。

4.2　SNS上の書き込みの実際

　以上、SNSを活用した実践から得られたメリットを挙げてみた。ここで、本論での議論のまとめとして、学生の目標規定文に、どのような表現の向上・改善が見られたか、SNS上の教員の指導例と合わせ、事例として紹介したい。
　なお、学生には、目標規定文の文章として、「本稿では(X)について論じる。(Y)を考察し、(Z)と主張したい」という形式を指定し、X、Y、Zの三項目を必ず書くように指導している(大島ら　2005)。

【事例1】地域、場所、着眼対象等の絞り込みが足りない例

> 田中君（仮名）の目標規定文（第1稿）
> X：汚染した地下水の利用は続けるべきかについて論じる。
> Y：地下水に混入した化学物質が人間に与える影響を考察し、
> Z：利用者は汚染した地下水の利用は避けるべきという結論に導く。
> ↓
> 教員のコメント
> 田中君　お疲れ！さて、汚染といってもいろいろあるので、その中身は（場所、汚染原因の点で）もっと特定した方がいいでしょう。結論として「避けるべき」は、当たり前なので、汚染物質に応じて、その対策を具体的に考えては、どうだろうか？
> 　　↓↓
> SNS上の議論を経た後の、田中君の書き直し原稿
>> X：アジア地域において、ヒ素を含んだ地下水の利用は続けるべきかについて論じる。Y：地下水に混入したヒ素が人間に与える影響を考察し、Z：利用者は、ヒ素を含んだ地下水の利用を極力避け、雨水利用等別の方法を用いて、水資源を確保するべきであるという結論を導く。

　レポート作成に不慣れな段階では、学生はテーマを広く、あいまいに設定する傾向がある。「化学物質は健康に悪い」「大気汚染はいけない」「環境破壊はダメ」といった過剰な一般化や抽象的な正論も多い。しかしながら、SNSを活用することで、教員や他の学生の論評（＝つっこみ）が入ることにより、このような大きな正論は修正を迫られ、その結果、着眼対象、地域（場所）、提案等を絞込むことができるようになるケースも多い。事例1の田中君の場合も、第1稿では論点がはっきりしていなかったのが、修正原稿では、「化学物質→ヒ素」、「地域の言及なし→アジア地域」、と着眼対象の絞込みがあり、なおかつ問題解決のための「提言」にまで踏み込んだ主張ができ

136　3章　統合的アプローチで授業をデザインする

るまでになっていることがわかる。

【事例2】表現項目を、盛り込みすぎている例

佐藤さん（仮名）の目標規定文第1稿
X：水族館は現在のような行楽重視の施設のままでよいのか　Y：日本における水族館の特徴を他国と比較し、日本の土地性・民族性を踏まえ、水族館の本来の意義を考慮する　Z：水族館は行楽に勝る程の集客能力の持つ研究・教育内容の進展、科学的要素を持つような展示を充実させ、研究・教育重視の施設として発展していくべきである
↓
教員のコメント
頑張っていますね。Yは「日本固有の水族館の意義や役割を考察し」等がいいかな？ Zは今のままだと長いね。全部で40字位にまとめてみよう。
↓
佐藤さんのコメントと最終原稿
確かに長過ぎました゛v（ママ）　お手数おかけしてすみません。此（ママ）ぐらいでよろしいでしょうか？（原文のまま転載）
↓↓

> 本稿では、水族館は現在のような娯楽重視の施設で良いのかについて論じる。他の文化や他の施設と比較することによって、水族館に期待される社会への貢献を考察し水族館は研究・教育施設に徹底すべきだという結論を導く。

　学生のテーマの詰めの甘さは目標規定文の冗長さとなって表れることが多い。レポート作成に不慣れな学生は、あれもこれも詰め込みすぎる傾向があるからだ。冗長な目標規定文では教員も指導しにくい。教員が一目読んで指導しやすい目標規定文が書けるようになるのも指導の狙いの1つである。

　本論の中で表現すればいい部分は本論の方に書くように指導することで、

文章を短くシャープにすることができる。この例では「水族館は行楽に勝る程の集客能力の持つ研究・教育内容の進展、科学的要素を持つような展示を充実させ、」の部分を本論の方で記述するようにしたため、目標規定文は、すっきりと読みやすいものになった。

5 まとめ

　目標規定文の検討をせずにレポートを完成段階で提出させると、中には手のつけられない修正不能な文章が出てくる。しかしながら、早期の段階で目標規定文に比較・検討を加えることにより、効率的に、かつ洗練されたレポートのテーマ作りが可能となる。この実践ではSNSを用い、協働活動を補強する実践を紹介した。最後に、本実践により期待される効果をまとめておく。

① 他の学生の目標規定文とそれに対する疑問や異論等のコメントを見ることで、テーマ作りへのインスピレーションが得られる
② 自分の目標規定文が他の学生にどう評価されるのか、また、他学生の規定文と比較することで自分の規定文のレベルがどのくらいかがわかる
③ 類似テーマを考えている参加者を見つけて意見交換したり、書籍やホームページのありかを知らせあったりするなど、情報源の交換ができる
④ メールやWebの掲示板での指導に比べ、SNSは比較的安全で、コミュニケーション密度の高い学習コミュニティが構築できる
⑤ 学生が読み手の意見や情報を取り入れて協働しながら、自分のペースで目標規定文を練りあげることができる

参考文献

石井一成(2005)「小論文作成授業へのフレキシブル・ラーニング環境作りの試み―フレキ

シブル・ラーニング環境における授業づくり」『NIME研究報告7–2005』.
石井一成(2006)「「小論文」作成授業におけるSNS導入の試み」『日本リメディアル教育学会第二回全国大会発表予稿集』: pp.90–91.
大島弥生・池田玲子・大場理恵子・加納なおみ・高橋淑郎・岩田夏穂(2005)『ピアで学ぶ大学生の日本語表現―プロセス重視のレポート作成』ひつじ書房.
小笠原喜康(2002)『大学生のためのレポート・論文術』講談社.
木下是雄(1994)『レポートの組み立て方』筑摩書房.
鈴木克明(2002)『教材設計マニュアル―独学を支援するために』北大路書房.
鈴木克明(2003) eラーニング・ファンダメンタルPDF版テキスト 2003.9.16–22. SCS特別講義用. 日本イーラーニングコンソーシアム.
戸田山和久(2002)『論文の教室―レポートから卒論まで』日本放送出版協会.
山崎秀夫・山田政弘(2004)『よくわかるソーシャル・ネットワーキング』ソフトバンククリエイティブ.

3章3節　専門教育と言語表現教育を統合する

三宅　和子

▶ 専門教育の中に言語表現教育の考え方と実践を導入・展開する
▶ 個人活動とグループ活動を統合する
▶ 日常的な関心事や気づきをテーマに専門研究へ導く

1　授業のデザイン

1.1　どんな授業か

　この授業は，日本語学の専門分野において言語表現教育の理念と方法を導入した実践である。

　筆者は社会言語学の立場から若者の携帯電話の言語行動と人間関係構築・調整の関係を探ってきている。また1–2年生を対象に言語表現の授業も担当してきた。常々3–4年生の専門課程においても論理的な思考や表現方法を育成する授業が必要だと考えていた。また、身近な言語現象への気づきを大切にしながら学問としての「日本語学」の考え方や方法を学ばせたいとも願っていた。そこで携帯電話を授業のテーマにし、学生の普段の言語生活を題材にすることで興味を持続させ、研究結果へ向かって発見の喜びを体験させようと考えた。そこで、論理的な思考や表現方法を育成する言語表現教育の理念と方法を導入しつつ、専門科目としての日本語学の内容を充実させるために、携帯電話をテーマとした演習を行うことにした。

　この授業は日本文学／国文学系の学科の3–4年生の学生を対象に、日本語学演習として開かれている科目の1つである。2002年度に開始され、2003年度から毎年提出されたレポートや指導内容をまとめた報告書を作成してい

る（三宅編 2003、2004、2005）。

1.2　なぜこのデザインを選んだか

　この日本語学演習クラスは、日本文学系の科目と教員の多い学科に設置されており、日本語学的な研究や分析に初めて出会う学生もいれば、日本語学のテーマで卒論を書いている学生もいる。加えて、3年生と4年生の混成クラスであり、日本語学への誘いと卒論レベルの専門性を同時に期待されているという意味で運営がかなり難しいクラスだといえよう。

　また、演習（ゼミ）としては履修人数が多いという問題もある。2005年度の履修生は3年生29名、4年生17名、計46名であった。履修希望が多く、毎年抽選を繰り返しながら50人以下に抑えている。演習活動（学生が自分の調査分析を発表する）や、ていねいな個別指導をするには理想からほど遠い人数だ。多人数の中で学生が相互に刺激を受けつつ、意欲をもって学ぶような教室運営ができること、これが授業担当者の課題といえよう。

1.3　この授業の目的と特徴

　筆者はこれまでの携帯電話の研究を通して、若者の人間関係、生活形態、価値観などにも注目するようになってきた（三宅 2000、2001、2003、2004）。また、言語表現教育に携わることで、現在の大学教育には、狭い専門教育ではなく、自律的な社会人として充実した人生を送れる幅広い知識と考える力を育てることが期待されていると考えるようになってきた（三宅 2006）。

　自分の使っていることばを客観的にみる経験がない学生に、まずはことばへの気づきを促したい。それも、言語を現実から切り取って机上でひねくり回すのではなく、自分の言語行動や身近な言語事象に注目し、その分析を通して、ことばと社会、ことばと人間関係の不思議を発見してもらいたい。そのうえで、分析を効果的に人に伝えるスキルを学んでもらいたい。この演習を運営する教育者としての願いはこのようなことである。

以上の意図をもって行う演習活動の特徴をキーワードで示すと、ワークショップ的なアプローチだろう。学生の自律・協働作業である性格が強い。50名近くの学生が、調査・分析を自分の問題・関心事として活動するには、指導上の工夫が必要である。単に調査する箇所を分配し、それを調べて発表するように指示するだけでは、学生は乗ってこない。第一、1人ずつ発表を行っていたら、1年たっても発表は全員に回らない。そこで次のような活動の柱を考えた。

① 自分の興味のあるテーマを選ぶ
② グループ活動と個別活動を組み合わせる
③ 前年の活動を参考にする
④ クラス外活動を活発に行う

自分と興味を共有する他の学生と組んで研究方法を考え、共同で調査・分析することで、相互に学びあい刺激しあって、学生の動機が高まる。前年の活動報告書を読んだり、前年3年生だった4年生から聞いたりすることで、失敗と成功から学び、継続性を生かすことができる。これは3–4年の混成クラスというデメリットをメリットに変換する試みでもある。グループを作ることによって、相互責任が発生し、やる気が出ない学生を減らし、他のグループとの静かな競争意識も醸成できる。また、クラス内では消化できないことは授業時間外でミーティングをもったり分析を持ち寄ったりする。こうして、目的をもって共に研究しているという実感と連帯感が生まれる。

さらに報告書を作ることによって、目的意識と責任感を醸成し、自身の活動の記録と反省材料とすることができる。また、他のメンバーの活動の報告を読むことで、自身の方法と他の学生との比較を通して、より客観的に振り返ることができる。そして、その記録は、後進の学生の参考となり、次の研究のためのたたき台とすることができる。

2 授業の内容と流れ

2.1 授業内容

　この授業の学習目的は、身近なことばから、日本語の特徴、人間関係に果たす役割、ことばと社会の関係に気づき、探求することである。同時に、参考文献やデータを探し、興味をもったテーマを学術的に研究するための研究方法を学ぶ。

　また、テーマは、収集した携帯メールのデータから、学生自身が興味をもったものを考える。2005年度の学生のテーマは、携帯メールにおける「方言の役割」「男女差」「絵文字の役割」「謝罪行動」「勧誘行動」「スピーチレベル・シフト」「トピック展開」などであった。

2.2 授業の流れと留意点

　演習クラスは1年間の継続だが、本稿で紹介する活動は春学期の半期間(4–7月)に行い、秋学期はそれを踏まえた別の活動を行っている。ここに提示したのは2005年度のものである。全体の大まかな流れは、まず携帯電話の履歴に残っている実際に送受信されたメールを収集し、それをクラス用にエクセルに加工して分析、レポートにまとめるというものである。2005年度はこのデータのほかに、アンケート調査を独自に行ったグループもある。

　4–5月は以下のようにアンケート調査の準備段階として使い、6–7月を各研究グループの口頭発表に当てた。そして、口頭発表後は各自が調査を進め、最終的にレポートにまとめた。それを基に報告書を作成した。

　以上の流れと留意点を簡単にまとめると、次のようになる。

【第1–3週】
・前年報告書読み合わせ
・データ収集
・テーマ提示と学生によるテーマ決定

◀ 研究対象は、身近で面白く、若者の関心を引くものにする。

▼

【第4–7週】	◀	教師はできるだけ介入しないようにする。
・共通目的をもつ4–5人でグループになる。 ・話し合い：主に教室外で活動し、グループのメンバーが各々役割と責任を果たすように指示する。 ・アンケート作成と実施：任意で希望するグループが教師の承諾を得て実施し、結果はその学生が管理する。		

▼

【第8–13週】	◀	フィードバックは口頭の質問とコメントシートを用いた。
・各グループの口頭発表：必ず全員がクラスで発表の機会をもち、自分の考えが相手にわかるように話すようにする。 ・クラスメートからのフィードバック ・発表を振り返る文章作成と提出		

▼

個人でレポート作成

▼

報告書作成

3　具体的な活動と実践の工夫

3.1　活動①　自然データを収集する

◇活動の特徴と目的

　日本語学・社会言語学の方法として、実際に使用している自然なデータの収集方法を学ぶ。

144　3章　統合的アプローチで授業をデザインする

◇活動の手順と留意点

1) 春学期の当初に学生の携帯電話に残っているメールの提供を呼びかける。できるだけ最新のもので下記の条件に合い、掲載されても差し支えないと本人が考えるメールを提供してもらう。なお、データ提供者およびその送受信相手には、研究のみに使用することで了承を得る。
　・友人間のメールで、親しい友人とそれほど親しくない友人のもの
　・上記の基準で男性宛てのものと女性宛てのもの
　・少なくとも1.5往復以上あったもの
2) パソコンに研究用メールアドレスを設定し、各学生が自分のデータを送ってデータ収集する。
3) 絵文字は文字化けする場合があるので、まず、メッセージをパソコンに転送して確認し、文字化けする場合は、電話会社が提供する絵文字リストのUNICODE番号を打ち込むよう指示する。
4) そのメッセージを収集専用メールアドレスに送り、共通の分析対象データとする。
5) 共通データだけでは研究テーマが追求できないグループはアンケート調査を行う。

> 1) 会話の基本構造には、「働きかけ」→「反応」→「確認」という一連の流れがあることを踏まえ、ある程度の内容のあるメッセージを収集するため、少なくとも3メール（＝1.5往復）続いたものとした。

> 5) アンケート調査は任意で行い、グループが調査用紙を作成し、筆者のチェックを経て実施した。用紙や集計の結果は各グループが管理した。

3.2　活動②　研究の中間発表

◇活動の特徴と目的

　学期の途中で、グループごとの中間発表を行った。聴衆側の学生からの

フィードバックには、①レジュメの作り方について②発表の仕方について③研究内容について④その他、という項目に分けたコメントシートを使用した。この項目は、どのような観点から発表を聞いていくかの目安になる。聞く側にとって、コメント作業は自分の見方や考えをまとめることにつながる。特に、皆の前で意見や質問がしにくい学生にとってコメント・シートは有効である。そして、発表者にとっては、教師以外の仲間からのコメント・シートによるフィードバックによって、異なる学びが起こっていると考えられる。

さらに、他のグループの発表を聞くことは自分の発表の参考となる。発表後に他のグループの発表を聞くことで、もう一度反省の機会を得る。

◇活動の手順と留意点

以下、中間発表の流れを示す。

1) 週1回の授業で、グループの活動と分析の途中経過を説明する中間発表を2組ずつ行う。
2) 発表後、クラスメートと発表の内容、発表の仕方などについて質疑応答する。
3) 発表を聞いた学生は、授業終了前に項目に分けた「コメントシート」に書き込み、提出する。
4) 教師は「コメントシート」を読んだ後コピーし、名前のところを切り取って発表者に渡す。
5) 発表者は、「コメントシート」を読み、自己の反省と総合して「振り返り」シートを作成し、提出する。
6) 発表後は、個人個人がグループで行った研究を踏まえて、最終的なレポート作成に向けて研究を続ける。

1)発表会では、グループの中での役割を決め、全員が何らかの形で発表に参加するよう工夫する。

3.3 活動③ レポート提出と報告書作成

◇活動の特徴と目的

中間発表の後、学生は個々に分析を続け、学期末にはレポートにして提出した。レポートは電子媒体でも提出され、教師の手を経て報告書にまとめられた。レポートのほかには、レジュメ作成の際の教師のアドバイス記録やコメントシートも掲載した。

この報告書作成は、2003年度から毎年行っている。全員のレポートを掲載するので、グループ内でも分析内容や方法の違い、レポートの作成方法や構成のし方の違いが比較できる。レポートが教師にしか読まれないことは、教育の弊害である。広く読まれることは学生の喜びや意欲につながる。

◇活動の手順

1) グループ発表後、学生はコメントシートなどを参考にしながら、自分の研究を続ける。
2) 自分の研究を続けながら、他グループの発表を聞き、参考にする。必要な場合は、自分のグループの仲間と引き続き活動をする。
3) 学期の終わりに、それまでの研究をまとめたレポートを提出する。レポート作成に関しては、前年度の報告書の書式や内容を役立てる。
4) 教師が評価するための紙媒体のレポートのほか、電子媒体での提出を義務づける。教師はそれを原稿にして報告書を作成する（この授業では、連絡や添付ファイル送付などインターネット、メール利用が多い。電子メディアに苦手感をもちがちな文学系学生にとっては当授業を取ること＝ＩＴに慣れることを意味する）。
5) 報告書は夏休み期間中に作成し、秋学期には配布して、その後の研究の参考になるようにする。
6) 完成した報告書は、他大学の同様な研究に興味をもつ学生の参考に資すなどの目的で学外の関係機関にも配布している。

3.4　本授業におけるグループと個人の作業の流れ

　本授業は、グループ活動と個人活動を統合することにより、教師が細かい指導をすることなく、学生が相互に学ぶことができるような工夫をしている。全体の中での、グループと個人の活動の流れを以下に示す。

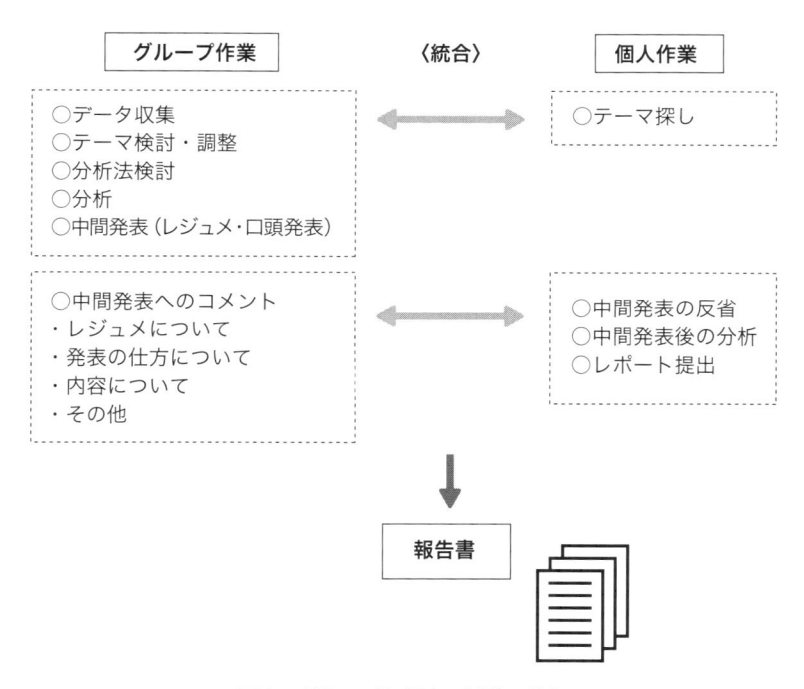

```
┌─────────────────┐           ┌─────────────────┐
│   グループ作業    │  〈統合〉  │    個人作業     │
└─────────────────┘           └─────────────────┘
┌─────────────────┐           ┌─────────────────┐
│ ○データ収集      │           │ ○テーマ探し      │
│ ○テーマ検討・調整 │ ←──────→ │                 │
│ ○分析法検討      │           │                 │
│ ○分析           │           │                 │
│ ○中間発表(レジュメ・口頭発表) │           │                 │
└─────────────────┘           └─────────────────┘

┌─────────────────┐           ┌─────────────────┐
│ ○中間発表へのコメント │           │ ○中間発表の反省   │
│ ・レジュメについて   │ ←──────→ │ ○中間発表後の分析 │
│ ・発表の仕方について │           │ ○レポート提出    │
│ ・内容について      │           │                 │
│ ・その他           │           │                 │
└─────────────────┘           └─────────────────┘
                    ↓
              ┌──────────┐
              │  報告書  │
              └──────────┘
```

図1　グループと個人の活動の流れ

3.5　評価方法

　以下の点を総合的に見て、評価を行っている。

- ・授業内での貢献
- ・グループ内での貢献
- ・グループによる中間発表とレジュメ内容
- ・レポート内容と体裁

出席率も評価対象となる。4年生の場合、就職活動や教育実習が重なる春学期は出席率が足りなくなる可能性、グループ活動に十分携われない危険性があるが、本演習の問題というより大学制度や就職戦線の問題である。4年生の出席に留意しつつ、秋学期との総合で評価することで解決を図っている。

4 実施してみてわかったこと

4.1 学生の反応から

　演習を指導していて手ごたえを感じるのは、学生が充実感と自負をもって取り組んでいる息づかいを感じるときである。「今の学生はやる気がない」と嘆く教師は少なくない。しかし、やりたいものが見つかれば、情熱をもって取り組む学生は思いのほか多い。やる気がないのでも力がないのでもなく、それを出す機会がなかなか見つからないでいるのだ。若者の「ことば」への気づきやこだわりは日常的にある。だが、それを意識化したり調べてみたり学問的に分析してみたりすることがない。携帯電話は「知識人」より知っている自らの世界であり、それをテーマにすることで既成の概念や視点に呪縛されずに自由な研究ができる。活動を通して自らの問題意識を大切にすることの喜びを知り、教師が刺激を受けるような発想や見方が現れることも少なくない。

4.2 学生の声から

　本授業は、学生にとっても負担がかなり大きいといえる。データ収集や分析の負担もそうであるが、グループ活動を通しての人間関係のマネジメントでも負担は大きい。それにもかかわらず、このクラスには例年80人前後の希望者が殺到する。その理由は、現代語の演習の数が少ないから、あるいは古典や文学を取りたくない学生もいるから、といったことがひとつには考えられる。しかし、希望者が多くなるのは、このような消極的な理由からだけとはいえない。筆者は学生が「やりがい」を求めているからではないかと

思っている。学生はやる気が起こる対象やテーマがなかなか見つけられずにいて、このクラスの活動にやりがいを見出すのではないだろうか。また、親しくない人と話したりすることを嫌がる傾向のある学生が、ある意味「学習の一環」として協力したり話したりすることを課されると、それをきっかけに勉強仲間コミュニティが醸成されるのである。現代社会のように、親しくない人と関係を取り結ばなくとも生きていける社会になると、同じクラスだからといって気軽に話しかけたり一緒に何かをしたりすることに抵抗を感じるものも少なくない。だが、同じ目的で人間関係を構築していく中に、喜びを感じている姿があるように感じられる。

以下はゼミで開設している掲示板に書かれた、学生の声である。

無題　投稿者：ま　投稿日：2005/05/24(Tue)18:51
　今週の土曜までにまた案を練り直さなければということで、とても焦りを感じています。不安も、いっぱいです。
　しかし、これはきっと全て終わったあとにものすごい達成感だと思います。それを思って、頑張ります!!!

初投稿♪　投稿者：さあや　投稿日：2005/06/03(Fri)23:43
　初めて書き込みします
　私は今年から仲間入りしたのですが、今までのゼミとは違い、ゼミ生が授業以外で交流できる場所があるって素敵ですよね

無題　投稿者：クロ　投稿日：2005/05/25(Wed)00:17
　そうですね、確かにこのゼミは達成感が大きそうです。データ整理が終わってから研究の開始が楽しみですね♪　充実した結果にするためにも、みなさん、がんばりましょうー

5　まとめと応用・発展の可能性

5.1　たとえばほかの専門科目だったら

　本演習はたまたま言語関係の専門科目なので言語表現科目との相性がいいのではないかと考えることもできよう。しかし、ここで説明した活動方法は、言語研究にしか通用しないような種類のものではないだろう。クラスの活性化や自律性を重んじる活動のし方として、ほかの科目にも応用できると考えている。初年次教育などの低学年の教育が、大学でのアカデミックな場面に適応できる言語表現教育をコアとしているとすると、専門教育における言語表現教育とは、専門研究の内容をコアにしつつ、論理的思考や表現を磨いていく、いわば逆方向からのアプローチをとるといえよう。

　専門科目のレベルや内容をどこに設定するかは、その科目が置かれている学科や大学全体の中の位置づけによって変わらざるを得ない。しかし、本節で示した活動の背景となる考え方や方法論は、さまざまなコースに応用できるものであると考えている。

5.2　まとめ

　活動を修正しながら携帯メール研究で演習を続けてくることで、活動自体の緻密さや広がりが見えてきた。学生も最初の年と違って前年度を参考にできるため、どのような活動を行うのかが見えている。自主的に問題設定をしたり活動したりできる学生の数も増えているように感じられる。継続的に演習を組んでいくことの効果をみる思いがする。

　しかし、試行錯誤の中から見えてきた問題点もある。学生が自主的に問題を設定したり、探求したりするときに必要な教師側のサポートがやはり十分ではない。学生が取り組むさまざまなプロジェクトに、教師は最低限の実践的な指導をしたりサポートしたりするのに精一杯である。興味をさらに引き出したり次のレベルに引き上げたりするような細かい指導ができない。学生自身に問題設定や探求の際に確認して欲しい学問的な基盤が不足している。

教師が一人一人の学生のニーズに合わせた指導をすることは、現在のところ、クラスの人数からいっても、ニーズの多様性からいっても物理的に難しい。問題をひと言で言えば、せっかくの着眼点も探究心も、学問的裏づけや関連性が不足しているため、十分な発展が得られていない。学生が参考にしている文献の少なさを見ても、それが実感される。これまで行われてきた研究を参考にしたり、先行研究の土台の上に立った調査や分析をしたりするには、教師側のアドバイスや背中を押す介入がもっと必要である。46人の学生の自律性を活かしつつ、研究の背景となる知識や方法を学生に発見させていくことができるか、この課題は大きい。

　筆者は今後、「メディア」と「ことば」の関連を追及するという基本路線は保ちながら、授業運営の改善を考えていきたいと思っている。学生が生き生きと充実した活動を行いつつ、ことばの専門への入り口に立てるように、あるいは、自分らしく生きていくための自分のことばを発見することができるように…これがこの演習の、ひいては筆者の仕事だと考えている。そしてこの考え方は、専門教育であろうと言語表現教育であろうと変わりはない。

参考文献

私学高等教育研究所(2003)「私立大学における1年次教育の実際―『学部長調査』(平成13年)の結果から」『私学高等教育研究所調査報告書』「効果的導入カリキュラムの開発」研究グループ　研究代表者 山田礼子

三宅和子(2000)「ケータイの言語行動・非言語行動」『日本語学』19(12).

三宅和子(2001)「ポケベルからケータイメールへ」『日本語学』20(10).

三宅和子(2002)「『日本語表現能力を育てる』とは―日本人大学生の日本語表現能力をめぐる問題と教育の方向性」『文学論藻』第76号(東洋大学文学部紀要第55集 日本文学文化篇)東洋大学.

三宅和子(2003)「対人配慮と言語表現」『文学論藻』第77号(東洋大学文学部紀要第56集 日本文学文化篇)東洋大学.

三宅和子(2004)「『規範からの逸脱』志向の系譜」『文学論藻』第 78 号(東洋大学文学部紀要 57 集 日本文学文化篇)東洋大学.
三宅和子(2006)「大学の『ことばの教育』はなにをめざすのか」門倉・筒井・三宅編著『アカデミックジャパニーズの挑戦』ひつじ書房.
三宅和子編(2003)『日本語学研究報告―身近なことばからの発見：演習クラスの携帯メール分析の活動』東洋大学文学部三宅和子研究室.
三宅和子編(2004)『日本語学研究報告 2―携帯メールのコミュニケーション研究：演習クラスの活動と教育』東洋大学文学部三宅和子研究室.
三宅和子編(2005)『日本語学研究報告 3―携帯コミュニケーションの諸相と変化：演習クラスの調査・分析』東洋大学文学部三宅和子研究室.

3章4節　口頭発表用レジュメを作成する

茂住　和世

▶ レジュメ作成指導と日本語表現能力育成を統合する
▶ 留学生に箇条書きというライティングを教える
▶ 内容の構成やカテゴリーについて考えさせる
▶ 論を階層構造化させる

1　授業のデザイン

1.1　どんな授業か

　この授業は2年次の留学生を対象に週1回の通年科目として設置された日本語科目の実践である。1クラスは20人前後で、日本語レベルは中級後半から上級である。1年の流れはおおむね図1のようなものである。

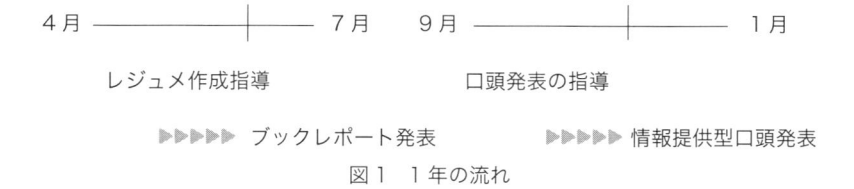

```
4月 ──────────── 7月　9月 ──────────── 1月
   レジュメ作成指導              口頭発表の指導
      ▶▶▶▶▶ ブックレポート発表     ▶▶▶▶▶ 情報提供型口頭発表
             図1　1年の流れ
```

　前期の2/3程度で、ブック・レポートのレジュメの作成方法を指導し、残りの1/3の時間で、自分で作ったブック・レポートを元に1人5–10分程度の口頭発表を経験する。後期は1人15分程度の口頭発表(この授業では「情報提供型口頭発表」という、自分で設定したテーマに基づき、様々な資料から調べた事実をまとめてレジュメ化し、発表するということを行った)をさ

せる。後期の前半はその口頭発表に関する指導を行い、後半は1コマ90分に3名ずつの口頭発表及び質疑応答を行う。本節では前期のレジュメの作成指導に関する実践部分を報告する。

1.2　なぜこのデザインを選んだか

　3年次から始まるゼミ活動では、指導教官のもとで専門書を輪読したり、卒業論文の作成に向けて互いの研究の内容などについて発表したり話し合ったりする機会がある。その際にはレジュメと呼ばれるペーパーを準備しておき、自分の発表の時にそれを配布することが求められることが多い。

　しかし、レジュメは、論文・レポートのように論述するものではなく、箇条書きや体言止めなどを用いた表現形式であるため、外国人留学生にとって初めて接するライティング形式と言える。したがって、2年次の段階でまず、レジュメの書き方を指導し、さらに、そのレジュメを用いて口頭発表するという実践を授業に組みこむ必要があった。

　また、項目を立てて箇条書きで内容を要約していくという作業には、論理的思考による理解・表現能力が伴う。これは大学生としての学習活動の基礎的なスキルを養うものと言える。書かれた文章の内容の論の組み立てを考えるという作業は、大学生としての読み活動において重要であると同時に、後に自分が論文やレポートを書いたり発表したりする時に、全体の構成を考えるアウトラインの意識化にもつながるものである。

1.3　これまでの実践に比べての改善点

　大学における日本語教育ではアカデミック・ライティングの指導としてレポートや論文の書き方指導を行うことが多い。もちろん、初年次にその基本的な考え方や表現方法について学ぶことは重要であるが、実際に長文のレポートを書くという作業は他にも様々な科目を履修している留学生にとって負担が大きく、また、論文を書く機会は4年次の卒業論文までない。

　その点、レジュメ作成という方法は、書く量が多くはないので負担感が少

ない。また、自分のレジュメが他の学生のものや教師のモデル例とも比較しやすく、どこをどのように改善すべきかが捉えやすい。さらに、2年次でこれらを学ぶことは、3年次からのゼミ活動ですぐに役立つものであるため、学生には強い動機付けがある。そして、ここで学んだレジュメ作成の後に、口頭発表を練習する機会が2回設けられていることが、日本語によるプレゼンテーションに対する自信をつけるための訓練として有効に働く。

2 授業の内容と流れ

2.1 授業内容

　大学で求められる口頭発表用レジュメは大きく分けて2種類あると思われる。1つは、ゼミ論・卒論の発表など、自分が調査・研究した内容を凝縮した形で提示するもの、もう1つは、輪読や新聞記事についての発表など、資料・文献を読んでその内容を要約して提示するものである。本稿で報告するのは後者のレジュメ（ブック・レポートとも呼ぶ）の作成を目指した活動である。

2.2 授業の流れ

```
【1】学習目標の明示
 ・レジュメとは何か
 ・作文・レポートとの違い
 ・レジュメの特徴
```
▼
```
【2】簡潔な表現にする練習
 ・デアル体とレジュメ体の違い
 ・箇条書きの基本型
```
▼
```
【3】分類的構成を学ぶ
 ・単語を分類しカテゴリー分けを意識して並べる
```

156　3章　統合的アプローチで授業をデザインする

```
┌─────────────────────────────────────────┐
│ ・文章を読み、キーワードを拾い、内容の階層構造を考えて分 │
│   類して並べる                          │
│ ・内容の取捨選択と文章を「見せる」工夫について考える    │
│ ・カテゴリー分けをした上で、見出し(項目名)を考える     │
└─────────────────────────────────────────┘
                    ▼
┌─────────────────────────────────────────┐
│【4】時間的構成を学ぶ                       │
│ ・上位項目か下位項目かを意識して時間軸に沿って並べる    │
│ ・記号・数字の使い方やインデントの揃え方にも気を配る    │
└─────────────────────────────────────────┘
                    ▼
┌─────────────────────────────────────────┐
│【5】対比的構成を学ぶ                       │
│ ・何と何が対比されているかを捉える           │
│ ・内容の階層構造を考える                    │
└─────────────────────────────────────────┘
                    ▼
┌─────────────────────────────────────────┐
│【6】因果的構成を学ぶ                       │
│ ・要点の拾い出し                           │
│ ・構成の枠組みを捉える                     │
│ ・適切な見出しを考える                     │
└─────────────────────────────────────────┘
                    ▼
┌─────────────────────────────────────────┐
│【7】総合的練習                            │
│ ・どのような構成で書かれているかを把握する    │
│ ・段落を内容構成ごとにまとめる              │
│ ・まとまりごとの見出しと下位項目を考える      │
│ ・タイトルを考える                         │
└─────────────────────────────────────────┘
```

　上記【1】〜【7】はその流れを示しており、必ずしも番号順に1週ずつ進めるというものではなく、学生の状況に応じ、1つの項目に2コマかけたり、1コマの中で2つまとめて教えたりしてもかまわない。

2.3　実践の工夫

　この授業実践では以下のような工夫を試みた。
①段階的に指導する工夫
　　・単語のみ→短い文章→長い文章

・単純な階層構造→複雑な階層構造
・段落ごとにまとめる→段落よりも大きなまとまりを考える
・内容構成ごとに練習→総合的な練習
・適切なアウトラインがほぼ決まっているもの→アウトラインの書き方に自由度があるもの

②課題をフィードバックする際の工夫

　教室活動以外にも宿題として各段階に応じた文章を適宜与え、レジュメ化する練習をさせる。提出されたもののうち、初期段階の簡単に直せるものは教師が赤を入れ訂正する。そして訂正の割合に応じてＡＢＣＤの４段階で評価し、Ｄの者には再提出を求める。課題文が長くなってきた時には、「評価ポイント用紙」を用いて指導する。この用紙には各課題文をレジュメ化する際に注意すべきポイントを記号で示してある。学生のレジュメの訂正すべき箇所に赤い下線とポイントコードを記し、評価ポイント用紙を添付して返却する。

【評価ポイント用紙例：「終身雇用制」についてのレジュメに添付するもの】

```
評価ポイント
  a　タイトルが適切でない
  b　内容に過不足がある
  c　箇条書きしたものの内容が重複している
  d　分類のために数字や記号などを効果的に使っていない
  e　「長所」「短所」及び「労働者にとって」「企業にとって」という
　　 ４つの対比を意識して書いていない
  f　名詞で止めたり、簡潔な表現で書いていない
  ?　不明な情報
  ×　不要な情報　　　　　　　　　総合評価：＿＿＿＿＿＿＿
```

　レジュメの書き方には個人差もあるので、「正解」を示すようなことはしないが、①課題文の内容が正しく伝わっているか、②見やすく整理され、簡潔な表現で書かれているか、という点に注意して評価をする。ただ、これら

は作成されたレジュメの完成度を示し、学生に自分の問題点に気づいてもらうための評価であるので、期末の成績評価には含めない。

3 具体的な活動と実践の工夫

3.1 活動① 分類的構成を学ぶ−カテゴリー分けと見出し（項目名）

◇活動の特徴と目的

　内容を分類した結果を示す時にどんな見出し（項目名）にするかを考える。

◇活動の手順と留意点

1)「A商店の商品構成」として10個の品目（後述のレジュメ例参照）を提示する。 2) どのような項目名を立て、そこにどの商品を分類していくかを考えさせる。 3) 各自の作業の後、数人にその結果を板書させ、全員で検討を加える。	◀ 2) A商店の商品構成がすっきりわかるようにする。

　学生は与えられた10品目を2つずつ5つのグループに分類することはおおむねできるが、それぞれの項目名やそれを並べる順番が適切とは言えない場合が多い。下記にその一例を示す。

【不適切なレジュメ例】

```
     A商店の商品構成
  1. 野菜：大根、トマト
  2. 郵便：切手、はがき
  3. 果物：りんご、イチゴ
  4. 食品：缶詰、イチゴ用ミルク
  5. その他：缶切り、果物用ナイフ
```

この商店がメインに扱っている商品群が何なのかに注意を向けることで並べる順序を変える必要があること、また「食品」「野菜」「果物」は同じ階層項目名と言えるのか、「郵便」は商品カテゴリーの名前と言えるのか、などの点について考えさせる。そして5つのグループを並列的に並べるだけではなく、下記の【適切なレジュメ例】のように大見出しの下に中見出しをつける、というような階層構造を持たせることも可能であることを理解させる。

【適切なレジュメ例】

```
　　　Ａ商店の商品構成
 1. 食品
     （1）野菜：大根、トマト
     （2）果物：リンゴ、イチゴ
     （3）加工品：缶詰、イチゴ用ミルク
 2. 雑貨：缶切り、果物用ナイフ
 3. その他：切手、はがき
```

3.2　活動②　内容の取捨選択と文章を「見せる」工夫
◇活動の特徴と目的
　文章の中から重要なポイントを抽出し、内容をできるだけ視覚化して書く。
◇活動の手順と留意点

1）教科書にある短い課題文を読み、レジュメを作成する。早く終わった学生に板書させ、その間に遅い学生も書き終わらせる。	1)4人程度のレジュメの板書が可能なスペースがあることが望ましい。

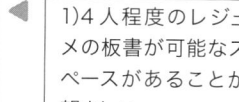

160　3章　統合的アプローチで授業をデザインする

 2) 板書した各レジュメを比較検討する。その際には、どのレジュメが分かりやすいかという視点での意見交換、各レジュメの長所・短所を考えることを通して、学生主体で理解させる。下記ポイントに焦点を当て、視覚的に分かりやすいレジュメとは何かを考える。
  ・内容の取捨選択
  ・項目の視覚化

> 2) なるべく違ったタイプのレジュメを選んで板書させておくといい。

　次に具体的なレジュメ例を挙げながら、活動の内容を示す。下記のレジュメは、課題文(約700字)の結婚に関する社会習慣についての文章(教材1: p.67:参考文献表参照)をもとに学生の作成したものである。下記のようなものを作成してしまう例が多数見られる。

【不適切なレジュメ例1】

結婚に関する社会習慣
1.　一人の人が持てるパートナーの数
　① 一夫多妻制…男性が二人以上の妻を持つことが認められている
　② 一妻多夫制…女性が二人以上の夫を持つ
　③ 一夫一婦制…男女共に一人のパートナーしか持つことができない
2.　結婚した夫婦がどこに住むのが普通かというファクター
(内容省略)
3.　結婚に際して富が移動する時の方向の問題
　① 花婿や花婿の血縁者が、花嫁の家族に富を提供する
　② 花嫁が持参金という形で金銭を花婿の家族に送ったり土地の所有権が移行する
　③ 新しい家庭を作るのに必要な家庭用品を花嫁と花婿の双方の近親者や友人、隣人、同僚などがプレゼントして贈る

内容の取捨選択の問題点が1.のところで現れる。上記のレジュメ例1では、それぞれの制度の内容を本文から書き写している。しかし、「一妻多夫制」と書けば意味はわかるので、「女性が二人以上の夫を持つ」という説明をつける必要性は低い。ここで内容の要点として拾い出してもらいたかったのは、下記のレジュメ例2のように①〜③がどのような社会に出現するかであるが、そのことよりも、学生の多くはそれぞれの定義文の方が重要だと判断してしまうことが多い。

【適切なレジュメ例2】

```
1. 一人の人が持てるパートナーの数
    ① 一夫多妻制…多くの社会
    ② 一妻多夫制…数は少ない
    ③ 一夫一婦制…ヨーロッパに起源を持つ社会
```

　また、内容を視覚化することの問題点が3.のところで現れる。上記のレジュメ例1の3.の①–③は本文の丸写しである。これを一目で内容がわかるように「誰から誰に何を」という統一した順番で内容を並べ直したり、「→」を使って移動の方向を簡潔に表現できることを下記レジュメ例3のように示したりして、わかりやすく書く工夫とはどのようなものかを理解させる。

【適切なレジュメ例3】

```
3. 結婚に際して富が移動する時の方向
    ① 花婿→花嫁　（家畜、金銭、労働）
    ② 花嫁→花婿　（持参金、土地の所有権）
    ③ 花婿・花嫁側の近親者、友人、隣人、同僚→本人　（家庭用品）
```

3.3　活動③　対比的構成を学ぶ

◇活動の特徴と目的

　物事を対比しながら説明した文章を読み、レジュメ化する練習である。対を考える。

◇活動の流れと留意点

1）教科書にある短い課題文を読み、レジュメを作成する。 2）下記ポイントに焦点を当て、レジュメを修正し、比されている内容と、それぞれに適した項目名と並べ方を考えさせる。	1）レジュメ作成に時間がかかりそうな場合①あらかじめ宿題として学生が作成してきたものを教室で検討し合う②教室では、文章を読み、見出しを検討するにとどめ、レジュメ完成は宿題とする

　教材1（p.65）にある「終身雇用制」についての文章（約700字）を利用する。ここでは第1段落で終身雇用制の定義、第2段落でその長所、第3段落でその短所が述べられている。学生に多かったのは、課題文の内容を順番通りに書いてしまい、下記のようなレジュメ例4を作成するケースである。

【レジュメ例4（不適切な見出し）】

```
終身雇用制
 1. 労働者側の長所
 2. 企業側の長所
 3. 企業側の短所
 4. 労働者側の短所
```

　見出しの構造をこのような1層ではなく、2層構造にして並べた方がいいことに気づかせる必要がある。次はその見出しの1例（レジュメ例5、6）である。

【レジュメ例5（適切な見出し）】

```
終身雇用制
 1. 長所
    ①労働者側にとって
    ②企業側にとって
 2. 短所
    ①労働者側にとって
    ②企業側にとって
```

【レジュメ例6（適切な見出し）】

```
終身雇用制
 1. 定義
 2. 労働者側にとって
    ①長所
    ②短所
 3. 企業側にとって
    ①長所
    ②短所
```

4 実施してみてわかったこと

4.1 学生が書いたものから

文章を読んでレジュメ化する作業に必要な力は以下の3点にまとめられる。

①重要なポイントやその比重を押さえることのできる読解力

②内容同士の関係を考え、その階層を組み立てられる構成力

③簡潔な表現で箇条書きできる表現力

学生は③については、練習を重ねたり誤りを指摘したりすることにより伸びが見られる。しかし、①②については学生によってはいくつかの困難点が見られた。まず、内容理解はできてもレジュメ化する時に、どの部分を抽出すべきかの取捨選択に迷う。その結果、ある部分はかなり細かい内容や数字まで書き出すが、別の部分では要点しか拾っておらず、全体として非常にアンバランスな内容提示になってしまう。また、要点を並べる時に並列的に並べるのか、上位あるいは下位項目として並べるかで迷い、その結果本文の内容に合わない歪んだ形の階層構造になってしまう。これらはレジュメ作成の困難点というよりも広い意味での読解力の問題なのかもしれない。

また、学生の中には見出しとして適当な語彙が本文中に見つからない場

合、どのような表現を用いるかで迷う者がいる。よく用いられるような「課題」「取組み」「対策」「影響」「特徴」のような表現が浮かばないと、適切ではない表現で代用するため、違和感のある見出しになってしまう。これらは学生の語彙力に起因する困難点であろう。

4.2　後期の口頭発表におけるレジュメ作成に見られる活動の効果

この授業では後期は 1.1 で示したように情報提供型口頭発表を行っている。テーマも内容も自由ではあるが、必ずレジュメを作って発表させている。学生は作成したレジュメを発表日までに教師から指導を受けて数回修正を行うが、その際に前期に行った活動が生かされていることがわかる。

まず、提出されてくるレジュメの第 1 稿はすでにレジュメとしての体裁を整えている。一部、内容が数行にわたって書かれている場合もあるが、その時は「ここは箇条書きにしなさい」と言えば、学生には教師が何を要求しているのかがすぐに理解できる。他にも「インデントが揃っていませんね」「この構成内容なら数字を使うのと記号を使うのとどちらが適切ですか」「因果関係がわかるように→を使ってみては？」などという指示だけでレジュメの修正を促すことができるのは、前期の学習の効果の現れである。

5　このデザインの応用・発展の可能性

5.1　たとえば半期科目として行うなら

1.2 で示した前期の部分だけで行うこともできるが、その場合ブック・レポート発表をどのように指導するかを授業デザインに組み込まねばならない。本事例では前期のブック・レポートはあくまで「体験発表」であり、当日に学生が配付するレジュメのみを評価するようにしている。そのため、口頭発表のし方については一切指導していない。しかし、半期科目として行い、かつ発表指導も行うなら、本事例で示したレジュメの指導の一部をさらに宿題に回す必要があるだろう。

5.2　たとえば日本人大学生に対して行うなら

　実際に日本人学生が文章のレジュメ化をどのように行うのかがわからないため、本事例の応用がどこまで可能かもわからない。ただ、(財)専修学校教育振興会が実施している「ビジネス能力検定」では2級レベル(入社2–3年の社会人に必要な知識や技能を評価するもの。大学生が在学中に取得しておくのが望ましいとされるレベル)において、報告書や議事録を書くという記述式問題が課されている。これは重要な内容を抜き出す、適切な見出しを付ける、などレジュメ作成と重なる部分が多い。この過去問題集を利用し、会議における会話文を読ませてその内容をレジュメ化し、議事録や報告書を作成する練習は、キャリア教育関連の授業の中でも実践可能であろう。

参考文献－留学生用教材

佐々木瑞枝・村澤慶昭・細井和代・藤尾喜代子(2001)『Academic Japanese for International Students　大学で学ぶためのアカデミック・ジャパニーズ』The Japan Times.

産能短期大学日本語教育研究室編(1990)『大学生のための日本語』産能大学出版部(＊本文中「教材1」).

東海大学留学生教育センター口頭発表教材研究会(1995)『日本語 口頭発表と討論の技術』東海大学出版会.

ピロッタ丸山淳・長田紀子・清水澤子・等々力櫻子・吉田直美(1996)『留学生のための大学の授業へのパスポート』凡人社.

参考文献－大学生用教材

上村和美・内田充実(2005)『プラクティカル・プレゼンテーション』くろしお出版.

大島弥生・池田玲子・大場理恵子・加納なおみ・高橋淑郎・岩田夏穂(2005)『ピアで学ぶ大学生の日本語表現』ひつじ書房.

学習技術研究会(2006)『知へのステップ―改訂版』くろしお出版.
佐藤嗣男・高﨑みどり・川岸敬子・西山春文(2002)『日本語表現ガイダンス』おうふう.
専修大学出版企画委員会編(2006)『知のツールボックス』専修大学出版局.
滝川好夫(2004)『アピールできるレポート／論文はこう書く！』税務経理協会.
森靖雄(1995)『大学生の学習テクニック』大月書店.

3章5節　就職活動の準備から学ぶ

茂住　和世

▶ 就職指導と日本語表現能力育成を統合する
▶ 言語表現以外の学習にも目を向ける
▶ 社会文化能力の獲得を目指す
▶ 日本社会における実質的行動のルールを示す

1　授業のデザイン

1.1　どんな授業か

　この授業は3年次生の留学生対象に開設された、週1回の通年の選択科目「日本社会事情演習」というクラスでの実践である。クラス規模は毎年10–18人程度であり、日本語レベルは中級後半–上級である。開講時のアンケートによると、ほとんどの受講者が卒業後の進路の1つとして日本国内での就職を考えている。また、この授業では以下に述べる実践の他に、留学生のリクエストに応じて日本語会話の指導も行っている。

1.2　なぜこのデザインを選んだか

　近年、卒業後も帰国せずに日本に残り、就職を希望する留学生が増えている。しかし、留学生が日本人大学生の中に混じって就職活動（以下就活）をしていくうえで必要なのは、いわゆる日本語力だけに限らない。むしろそれ以外の、日本社会や企業文化についての知識や、日本式就活そのものに対する理解が必要なのではないだろうか。これらは言語能力以外の能力、すなわち「社会文化能力」[1] と呼ばれるものである。

　指導の対象と考えた社会文化能力は以下の2点である。

① 日本社会の特質やビジネス社会についての知識
　日本人の社会行動や文化などに対する理解、雇用形態の種類や賃金体系についての特徴など日本企業とその環境についての理解、さらに日本人ビジネスマンが教養として身に付けているべき言葉や常識など
② 大学生の就活という実質行動のルール
　自己分析から始まり、内定を獲得するまでの一連の流れに加え、内定後に求められる行動や辞退する場合の方法、さらに外国人である故に留意しておくべきことなど

1.3　これまでの実践に比べての改善点

　大学が行う就職指導というのは企業開拓、学生への企業情報の提供、ガイダンスサービスが主であり、従来日本人学生向けに行ってきたこれらを留学生向けに多少拡大して行っているのが現状である。短大では2年次生を対象に就職を意識した授業を行っているケースもあるが、指導内容は面接における言語表現や、ビジネス日本語の指導など「日本語」に重点が置かれていることが多い。また、日本事情科目でよく扱われるのは伝統的日本文化やサブカルチャー的なテーマ（例: 花見、日本の食文化、オタクとは）が中心である場合が多い。本事例のように、卒業後に日本企業で働き、社会人として活動するための社会文化能力を意識してシラバスに組み込むということはあまり行われていない。

2　授業の内容と流れ

2.1 授業内容

　日本社会やビジネス社会についての社会文化的知識として扱ったテーマは以下のとおりである。

バブル経済	株式市場と上場企業	サラリーマンとゴルフ
プロ野球	インフレとデフレ	日本の企業形態
日本的経営	高度経済成長	大学生の就職
セクハラ	賃金と労働条件	ビジネスマナー
相撲	日本のビジネス文化	会社員が加入する保険
株式会社の組織と運営		さまざまなワークスタイル

　これらは①同僚、上司、取引先の人とのインフォーマルな会話に登場する機会の多い話題②日本人学生が高校までに社会科で履修している内容③日本の企業社会を取り巻く環境やその実態に関わる内容である。留学生にとっては、それまで日本で数年生活していても正確には知らないこと、または浅い知識に止まっているものや、このような機会がなければあえて自分から学ぼうとは思わないものであることがこれまでの授業実践で確かめられている。

　また、授業で取りあげた就活に関する社会文化能力の項目は以下のとおりである。

1. 留学生が「日本で就職する」ということについて
・日本政府・企業の外国人労働者受入れ状況、在留資格の変更
・日本での就職活動の方法、就職活動情報の収集方法
・留学生の就職活動Q&A
・就職関連用語、求人票の見方

2. 日本式就活のルールについて
・就職活動の進め方
・資料請求のEメール
・履歴書・宛名書き
・電話のマナー
・面接でよく聞かれる質問、面接のポイント、面接のマナー

170　3章　統合的アプローチで授業をデザインする

　特に、外国人留学生が知っておかねばならない、外国人労働者を巡る諸事情や、実際の就活において留学生が気づきにくいルールや不適切な言動についての注意、なぜそのようなルールや発言・書き方が求められるのかという採用者側の立場に立ったものの見方を指導することに留意した。

2.2　授業の流れと留意点

　日本社会やビジネス社会についての学習の流れは次のとおりである。

```
【1】前項に掲げたテーマの中から好きなものを1つずつ
　　 学生に選ばせる
```
▼
```
【2】各テーマに関し、学生に自分で調べてほしい項目を
　　 記したワークシートを1枚ずつ渡す(下記ワークシート
　　 例1参照)
```
▼
```
【3】各自ワークシートを授業時間外に調べて完成させる
```
▼
```
【4】毎回1人が、調べた内容についての発表者となり、     ◀ 所要時間
　　 まずその要点を板書する。教師はクラスの学生に「調べ      約40分。
　　 てほしい項目」と同じ項目だけが書かれたワークシート
　　 を配付する。板書が終わった学生は、ワークシートの各
　　 項目について板書を元に説明をし、聞き手の学生はそれ
　　 らを手元のワークシートにメモしていく
```
▼
```
【5】教師が最後に重要なポイントを確認し、補足説明を     ◀ 所要時間
　　 する                                                   約10–15分。
                                                            内容に関してさらに
                                                            話し合うなら、もっ
                                                            と充分に時間を取る。
```

ワークシート例1:（B5用紙にプリント）

> テーマ「バブル経済」
> 1. いつ始まり、いつ終わったか
> 2. 原因は何か
> 3. その時人々は何をしたか
> 4. 崩壊のきっかけは何か
> 5. 崩壊後どのような問題が起こったか

　また、就活についての授業は、2.1で示した項目について適宜プリント資料を配り、上記の活動の残りの時間を使って行った。

2.3　実践の工夫
　「調べ学習」というスタイルを選んだ理由は以下のとおりである。
① 興味・関心のあるテーマを主体的に選択させ、責任感を持たせる
② ワークシートに書かれた項目は1テーマにつき4–5個であるため、課題学習に対しての学生の負担は少ない。
③ 文章を書くのではなく、発表当日までに与えられた項目内容を調べておくだけで、あらかじめ教師に見せる必要もないため、心理的負担も軽い。
④ インターネットで求める情報が比較的容易に得られるものであるため、発表当日になって「調べたけれどわかりませんでした」と言われる可能性もなく、授業に穴が空くこともない。
⑤ キーワード検索だけでかなりのヒット数があるので、入手できる膨大な情報量の中から学生はどの資料のどの部分を用いるかを判断するため、実際にはかなりの量の資料を読み込み、比較検討しなければならない。
⑥ 発表は、当日自らが板書して行うので、資料のコピー＆ペーストはできない。板書できる量は自ら限られるため、書くべき内容を絞り込み、要点のみを抽出するという作業が要求される。
⑦ このような過程において学生の「情報収集力」「情報の取捨選択」および

「考える力」の活性化が期待できる。

　また、就活についての学習については、プリント資料の説明は教師がするが、「日本式就活について」は演習スタイルにし、学生が自分なりの答えを見つけたり、実際の会話や面接などを経験して自らの問題点を発見させたりするようにした。

3　この事例で用いた活動

3.1　活動①　調べ学習「セクハラ」

◇活動の特徴と目的

　「セクハラ」という単語を知らない留学生はいないが、その定義や種類について正確に知る者は少ない。しかし、今後企業に就職する彼らがこれらをきちんと理解しておくことは、男性にとっても女性にとっても重要である。

◇活動の手順

　下記ワークシート例2に沿って、発表者が発表する。

ワークシート例2: (B5用紙にプリント)

```
テーマ「セクハラ」
  1. セクハラとは
  2. セクハラに適用される法律
  3. セクハラの実態例
    (1) 職場でのセクハラ
    (2) 教育機関でのセクハラ
    (3) 警察でのセクハラ
    (4) 医療機関でのセクハラ
  4. セクハラの種類
    (1)
    (2)
  5. 企業のセクハラ対策
```

1) 上記レジュメの 1 でセクハラの定義が説明される。「セクハラ」が「セクシャル・ハラスメント」の略語であること、セクハラとみなされる条件を理解する。
2) 2. の説明により、それがどんな法律で規定されているのかとともに、企業側に管理責任が求められていることを知る。
3) 3. の実態例では、(1) はドラマなどで見聞きしているため、知っている場合も多かったが、(2) は、現在の自分に直接関わりがあるため、関心が高い。(3)(4) のように、いつその状況に陥るか分からない事例も含め、1. の定義と照らし合わせて理解させる。
4) 4. で「対価型（または代償型）」と「環境型」というセクハラの 2 つの種類について学ぶ。
5) 5. の説明により将来自分がセクハラに遭った時のためにどのような対策が取られているか等、女性にとって有用な情報や、セクハラ防止のために求められている企業努力等、日本の職場の現状を知り、母国との比較や現在のアルバイト先ではどうなっているのかなどを改めて考える。

　学生の反応から、ほとんどの学生は単に男性が女性に対し猥褻なことをすることがセクハラであるという勘違い（たとえば、電車の中での痴漢行為もセクハラだと考えている）をしていたことがわかった。また、学生は、おおむね、セクハラは当事者同士の問題だと思っていたようである。
　対価型の方は 3 の事例によりすぐに理解・納得するが、環境型と言われる〈視覚型〉〈発言型〉〈接触型〉の 3 つのうち、特に〈視覚型〉と〈発言型〉のセクハラもあるということに彼らは驚くことが多い。

3.2　活動②　就活学習「履歴書の書き方」
◇活動の特徴と目的
　日本でアルバイトをしたことのある留学生なら、履歴書を書いた経験も必

ずある。そしてその経験から、自分の履歴書の書き方には問題がないと思っている場合が多い。しかし、就活における履歴書は正式文書であり、その人物の重要な判断材料となっている。留学生には、まず「アルバイト先で通用したから大丈夫」という安易な思い込みを捨てさせなければならない。

◇活動の手順と留意点

> 1) 履歴書をきちんと書くことの重要性と履歴書の書き方の概要を説明する。
> 2) 誤った書き方をしている履歴書の例をプリントして配付し、正しい書き方に気づかせる。問題点を自力で発見させようとしてもほとんど見つけられないことが多いので、要修正箇所をあらかじめ下線等で示し、それがなぜ悪い例とされ、どのように書き直すべきかを考えさせる方が効果的である。この時、必ず学生自身に自分なりの修正方法を考えさせる。

◁ ただプリントを渡し「考えなさい」と指示するだけでは「後で先生が教えてくれるから」と何も書かずに待っているだけの学生も現れる。ペアワークやグループワークをさせて全員が課題に取り組むことが大切である。

　この活動では、履歴書は封筒に入れて出すものであることや、職歴にアルバイトは含まれないこと、書き誤った箇所を修正液で修正してはいけないことなどを知らなかった学生が毎年見受けられる。

　上記活動の 2) は、下記のような方法も考えられる。

2) 別バージョン：

同じプリントを配付した後、「下線部は悪い例であるので、それと同じ書き方はしないように」と注意を与えたうえで、白紙の履歴書を配付し、そこに自分自身の正式な履歴書を記入させるという個人作業をさせる。学生は1つ1つの欄に記入しようとする度にプリントの悪い事例とは同じ書き方をしないように注意しながら履歴書を完成させていく。

悪い事例の理由がわからない場合は、その欄は空白にしておき、最後まで書き終えた時点で記入できなかった箇所について、他の学生の書き方を見せてもらうなどしてさらに修正を加える。

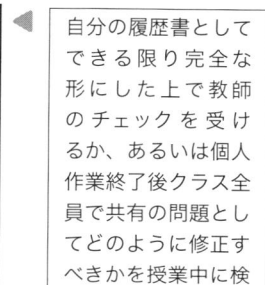

◀ 自分の履歴書としてできる限り完全な形にした上で教師のチェックを受けるか、あるいは個人作業終了後クラス全員で共有の問題としてどのように修正すべきかを授業中に検討させてもいいだろう。

3.3　評価方法

　日本社会やビジネス社会についての「口頭テスト」をテーマに基づく発表が5-6回終わったところで行う。教師との1対1の面接形式で1人に対し5-6問の出題をし、口頭で答えてもらう。内容はあらかじめ学習した、ワークシートに載っていた項目に関する質問である。（例：「セクハラにはどんな種類がありますか」）答えとして話された内容の正確さや詳しさにより4段階で評価する。文法や発音などの日本語力は評価には含めない。

　口頭テストにかかる1人あたりの時間はまちまちだが、90分1コマでほぼ全員のテストが終わる。

　口頭テストという手段を用いた理由は以下のとおりである。

① 人に何かを説明するという行為は自らの理解が正しくなければできないことであり、学習した項目が定着しているかどうかを測るのには適している。

② 学生が答えた内容が中途半端であったり、言葉足らずであったりする場合は「もう少し今のところを説明してください」という指示で、さらに学生の理解度を確認することができる(論述タイプのテストでは、書かれなかった内容をその学生が忘れてしまったのか、知ってはいたが書かなかったのかを判断することはできないが、口頭テストという手段では突っ込んで質問することで学生の理解の程度を正確に把握することができる)。
③ これらの説明のためには、この学習を通じて学んだ(学生にとっては使用したことのない)語彙を用いて説明しなければならないので語彙力の増強も見込まれる。
④ 口頭で説明するという練習は就活での面接に備えた訓練でもある。

4　実施してみてわかったこと

4.1　口頭テストから

　本実践の目標である社会文化能力の獲得は、口頭テストの結果から見る限り、おおむね良好であると言える。また、就活の支援という側面から口頭テストは下記のような副次的効果を持つこともわかった。

　まず、1対1の面接方式のテストは、顔なじみの教師が相手であってもかなり緊張するもののようだ。「うまく話さなければ」というプレッシャーが緊張を生むものだと考えられるが、この克服なくしては企業面接で思うような発言はできない。「面接で話す」ということに慣れるための機会としての効果もあることが窺えた。

　口頭テストの成績は、よく準備してきた者と準備が不十分な者との差がはっきり現れる。準備が十分な者は答える際も自信を持って話している。これはそのまま面接試験についても言えることで、十分な準備があってこそ自信を持って臨めるものだという実体験となる。

4.2　学生の学年末アンケートから

　この授業に対する学生の満足度は毎年高い。少人数なので木目細かい対応ができる上、もともとのニーズに合った内容であり、また、留学生のみのクラスであるため楽しく受講できたこと、受動的ではなく自らが体験・参加するタイプの授業であったことなども評価が良かった理由と考えられる。

　また、就活の流れに関する学習は単なるガイダンスではなく、「留学生だからここに気を付けて」「日本人でもみんな同じ」というように就活事情を交えて話すことで、自分たちが知らないところで損をするのではないかという不安や、日本人が優先され留学生は適当に扱われるのではないかという疑心暗鬼が和らぐという効果もあるようだ。また、これら日本の就活特有の事例を知り、今までの「日本で就職したい」という漠然とした思いを自ら改めて問い直さざるを得なくなる。母国ではない社会で正社員として採用してもらえるかどうかはもちろん、長期間に及ぶ就職活動をどう乗り切るのかも大きな不安材料であるが、この学習を進めていく過程で生じたさまざまな疑問や不安をその場で発言し、クラス内でその都度話し合い、考えていくようにしたことで、実際の就活が始まる前に学生が相談できる場としての役割も担う時間となったことが窺える。

5　このデザインの応用・発展の可能性

5.1　たとえば半期科目として行うなら

　本節で示した社会文化能力の2つの方向のうち、前者の調べ学習は10テーマに絞り込んで選ばせ、5回毎に口頭テストを実施し、後者の就活に関しては内容を刈り込んで各回の授業の半分の時間(調べ学習発表の残りの時間)を用いて行うことができる。

　あるいは、調べ学習発表だけを中心にし、発表の後は話し合いの時間にすることもできる。クラスが多国籍の場合は、より活性化するだろう。

　就活に関する内容だけを中心に行う場合は、3年次の後期に実施するのが

最も効果的である。そして 2.1 で示した指導内容に「自己分析」「業界研究」「先輩訪問」「エントリーシート」などを加えたり、市販の就活関連VTRやDVDを利用したりして、より密度の濃いシラバスを作ることもできる。特に面接練習は留学生のニーズが高いものであるため、数回にわたって模擬的に行ってみると良いだろう。

5.2　たとえば日本人大学生に対して行うなら

　日本人大学生にとっても、学生生活から職場生活への移行は想像以上に大きいものである。そのため、今まで述べてきたような社会文化能力を就職前に身に付けておくことは重要である。ただ、日本社会やビジネス社会についての調べ学習をどのようなテーマで行うかについてはこの事例をそのまま転用するのではなく、日本人学生が就活で試される一般常識やビジネス知識に関する内容を考える必要があるだろう。

　しかし、日本人学生の中にはこのような調べ学習を不得手とする者も多い。以前筆者も日本人学生を相手に「日銀の役割」や「産業の空洞化」などというテーマを与え、調べて発表するということをさせたことがあるが、思うような教室活動にはならなかった。それは、発表者本人がよく理解できないままにインターネット上に書かれていたことを機械的に説明するので、聞いている方はその説明ではまったく理解できなかったり、そもそもこれらの社会的なことに始めから興味がなかったりするためだと思われる。したがって、日本人学生対象の場合は学習に対するモチベーションをいかに高めるか、社会人として知っておくべき内容を「知りたい」「知っておかねば」と思わせるにはどうすべきか、という設定から考える必要がある。

　就活の流れについては、大学が催すセミナーに参加したり、自分で就活対策本を読んだりして知識は得ることができる。しかし、自分の抱える問題点に自分で気づくことは容易ではない。一方、キャリア教育関連科目が設置されている大学での授業もガイダンス的な内容が多く、実践的な就活指導を目的とした内容でない場合が多い。したがって、もしこのような具体的な就活

指導を目的に授業を行う場合は、彼ら自身の無意識な言動に注意を向けさせる仕掛けや「みんな同じだろう」「これでいいだろう」という安易な思い込みから脱することができるような取組みなど、彼らの意識改革を図るような手段を用いた授業デザインが求められる。

注

1　ネウストプニー(1995)は、社会文化能力を「日常生活の行動、経済、政治、思想行動など」の実質的行動の能力と定義し、コミュニケーションにおける文法以外のルールである社会言語能力とは区別している。小川他(2003)は、インターアクションを支える知識としては「活動目的の実現のための知識(社会的ルール、経済的ルールなど)の方が実質的で中心的」であると述べている。村岡(2003)も、海外出身者が必要とする社会文化能力とは何かを考える上で、「彼らが日本社会に住み、日本人との接触を行っていく上で、なにを必要としているのか」に焦点を絞って考えるべきだと強調している。

社会文化能力についての参考文献

小川小百合 他(2003)「社会文化能力の捉え方」『日本語教育の社会文化能力　日本語総合シラバスの構築と教材開発指針の作成 論文集』3　国立国語研究所.
ネウストプニー J. V. (1995)『新しい日本語教育のために』大修館書店.
村岡英裕(2003)「社会文化能力はどのように習得されるか」国立国語研究所前掲書

留学生の就職活動に関する参考文献

海老原恭子・岩澤みどり・寺田則子・小柴宏邦・蔡忠(2006)『日本企業への就職―ビジネスマナーと基本のことば』アスク.
国際ビジネス人材育成センター(2004)『留学生のための就職実践ガイド』国際ビジネス人材育成センター.
日本学生支援機構(2007)『2007年外国人留学生のための就職情報』日本学生支援機構.

3章6節　パラグラフ・ライティングで批判的思考を育てる

加納　なおみ

- ▶ 異なる意見の分析を通じて「自分の視点」を確立していく
- ▶ 協働アプローチの活動を取り入れ、「読み手意識」を高める
- ▶ 言語技能統合型学習により、言語の能力を総合的に強化する

1　授業のデザイン

1.1　どんな授業か

　テレビの討論番組を利用した論証型パラグラフ・ライティングの書き方の練習を通じ、批判的思考と書く力を同時に伸ばす指導方法を提案する（批判的思考については本節1.5で述べる）。ここでは、大学初年次クラスを前提としているが、パラグラフ・ライティングそのものは、書き手の年齢・レベルは問わない。ここで取り上げる論証型パラグラフ・ライティングと批判的思考の組み合わせは、専門レベルの指導にも応用しやすい。

1.2　なぜこのデザインを選んだか

　パラグラフ・ライティングの応用範囲は非常に広く、英語では初等教育のアカデミック・ライティングから、高等教育まで一貫して使われている。また、ビジネス・ライティングの基本でもある。しかし、日本語による教材及び指導例はまだ極めて限られた状態にある。ここでは、パラグラフ・ライティングとディベートの類似性に注目し、討論番組をインプットとして活用する手法を提案する。これは、大部分の学生はこれまでパラグラフ・ライ

ティングと批判的思考に触れる機会が少なかったことに鑑み、読書やリサーチによる負荷を軽減するためである。読書・リサーチの量や位置づけはコースの目的・レベルなどに応じて変えられる。さらに、このデザインにより、以下の点が可能となる。

- パラグラフ・ライティングの本来の性質を理解しながら、実践練習を積む。
- 同じインプットをクラス全員で共有することによって、討論のための土壌を作り、内容についての理解を深める。また、「書く」活動の前後の活動を通じ、他の言語技能(「聞く」「話す」「読む」)も共に伸ばす。
- 批判的思考の涵養を通じ、身近なメディアに対して、能動的に向きあうきっかけを提供する。

1.3　パラグラフ・ライティングとは

「パラグラフ」とは、「文章の一区切りで、内容的に連結されたいくつかの文から成り、全体として、ある1つの話題についてある1つのこと(考え)を言う(記述する、主張する)もの」(木下 1994: 180–181)である。「パラグラフ」の語源は、「話し手の変わり目」「意味の切れ目」を意味する。英語圏では、パラグラフがきちんと書けなければ読み手にわかりやすいレポートを完成させることはできない、という明確な合意があるため、小学校低学年からパラグラフ・ライティングを習い始める。アルファベット、単語の綴り、センテンス(単文)を組み立てる文法の次の段階が、意味のある文章の最小単位を作るパラグラフ・ライティングとなる。これは中学、高校、大学、大学院におけるアカデミック・ライティング、またビジネス・ライティングでもずっと基本常識として共有されている書き方である。つまり、パラグラフ・ライティングは、読み手を想定した文章を書く際、広範囲にわたって基礎となる。それは書き手と読み手の便宜を考えたとき、この書き方が書き手の思考の整理に役立ち、読み手の理解を助けるからである。日本でも19世紀後半、英語のパラグラフが輸入され、「段落」として定着した(Twine 1991)が、

国語の授業では発信型の言語教育が強調されてこなかったため、パラグラフを書き手のツールとする指導法は発展しなかった。
　なお、この授業手法で組み合わせた方法論は、多数の理論と実践の裏づけに基づいている。主要なものは文献リストに挙げたので参照されたい。

1.4　これまでの実践の問題点

　日本では主に読解指導のなかで「段落」として取り入れられてきた「パラグラフ」だが、先に述べたとおり、書き手のツールとしての認知度は低い。そのため、「段落」を独立した単位でどう書いたらよいのかを、日本人が学ぶ機会はまずない。「パーツ」の作り方を学ばなくとも、論旨の通った完成品を難なく作ることができる学生には特に問題はないが、できない学生を従来の指導法で救うことは難しい。「パーツ内の論旨」に問題がある場合、あるいは、ある「パート」が他の「パート」とどう関連しているか、また「全体」のなかでどのような位置づけにあるかが不明瞭な場合、漢字や語彙、あるいは単文レベルを修正しても肝心の問題は手付かずのままになる。「パラグラフ・ライティング」には①「全体と部分」及び②「部分と部分」をどう密接に関係づけるか、さらに③「部分」をどう展開するか、についての具体的な方法が備わっている。そのため、「単文レベル」と「完成品」とのあいだに確実に存在していながらこれまであまり注目されることのなかった、「意味のまとまりを持つ『部分』」の作り方についても、有効な枠組みを提供してくれる。そしてこれは、アウトライン段階から推敲段階すべてに活用することができる。
　日本でパラグラフ・ライティングの認知度が低いのは、日ごろ目にする英語のパラグラフ・ライティングのテキストにも一因があると考えられる。この種のテキストは、ほぼ全てが初級者対象であるため、例文が短く、語彙が平易で、内容的にも浅くなりがちな傾向は否めない。そのような単純化された例文はごく初歩の入門レベルであり、パラグラフ・ライティングの全貌をとらえているとは到底言いがたいが、ある種の類型化には貢献している。こ

こではっきり指摘しておきたいのは、パラグラフ・ライティングは、単なる「様式」を教えるためのものではない、ということだ。また、「パラグラフ」内の細かいルールを押し付けるものでもない。パラグラフ・ライティングとは、読み手の読みやすさを最優先に考え、書き手と読み手のコミュニケーションを促すための枠組みなのである。

1.5　この授業の目的と特徴
(1)　「思考の枠組み」としてのパラグラフ・ライティング

　近年ではライティングを通じた「批判的思考」の涵養が、英語圏でも初等教育から高等教育に至るまでの重要課題である。ここでいう「批判的」は、「粗探しをする」という否定的な意味ではなく、「多面的に、多角的に」「綿密に」「偏見、先入観をもたずに」対象に臨む、という意味である。そのためには、さまざまな可能性を想定していろいろな角度から問題を検討する姿勢が鍵となる。また、総花的に関連項目をすべて取り上げ、知識や情報を並べるのではなく、議論のポイントとなる各項目について、具体例をあげ、掘り下げた説明とともに、自分の意見を述べる必要がある。それには多面的な思考、公正な判断力の養成が必要であり、二項対立の議論にとどまらず、できるだけ複数の要因を検討する習慣をつけることが不可欠である。

　以上述べたことを考慮し、本項では、導入・初級レベルから、専門レベルのアカデミック・ライティングにまで広く応用できる論証志向型パラグラフ・ライティング(以下に詳述)を、テレビの討論番組を使って指導する方法を提案する。「考える」プロセスと「書く」プロセスを直結させるための「言語技能統合型レッスン」(加納 2002)を通じ、思考力とともに、言語の4技能(聞く、話す、読む、書く)を強化していく。思考を言語化し、それを文章化する過程は、慣れるまでは指導側にも負担がかかるので、小さなアウトプットを積み重ねながら指導者、学生双方が着実に先の段階に進めるよう配慮した。

(2)　「主張＋根拠型」パラグラフ中心のアカデミック・ライティング指導
　私たちが読み手を想定して文章を書く際の目的は、①趣味・娯楽、②自

己表現、③解説、④論証による説得の4つに大別される(Fowler and Aaron 2004)。実際には、この4つが混在することが多いが、その場合でも、このうちのどれか1つが中心となる。アカデミック・ライティングとビジネス・ライティングの領域でよく使われるものは、③「解説型」と④「論証型」である。「解説型」には、さらに「分類」「定義」「時系列」などさまざまなパラグラフの書き方がある。（具体例については『ピアで学ぶ大学生の日本語表現』pp.64–65を参照されたい。）

　「論証型」のライティングは、アカデミック、ビジネスの両分野で、コミュニケーションの質とその成果を左右する鍵となる。説得力をもって読み手に直接訴えかける必要があるため、読み手に対する配慮が不可欠だ。そのため、「論証型」ライティングの練習を通じ、読み手とのコミュニケーション能力を高めることができる(Connor 1996)。実際は「論証型」に分類されるレポート、論文も、「解説型」に属する種々のパラグラフとの組み合わせで書かれているが、「論証型」ライティングの質を左右する「主張＋根拠型パラグラフ」の書き方がこの指導案の中心となっている。

1.6　「主張＋根拠型パラグラフ」の書き方

　「主張＋根拠型パラグラフ」には、3つの要素「主張」「理由」「証拠」を必ず含む。以下はそれぞれを説明したものである。

---

①主　張

　　主張にはつぎのようなものを含む。
　　　ア．「〜は〜である（と考える）。」…事実であると主張する。
　　　イ．「〜は〜べきである。」…方針を提案する。
　　例）学生がコンピュータの操作に熟達するよう、大学はコンピュータによるレポートの作成を義務化すべきである。

根　拠

根拠にはつぎの2つを必ず含む。

> ②理　由
>   なぜ「主張」が成立するか、理由を説明する。
>   例）なぜなら、義務化により、学生がより長い時間コンピュータに触れれば、操作は上達しやすくなるからだ。
> ③証　拠
> 「理由」の正当性を証明し、さらに、それによって「主張」を支持するために、外部から引用したデータ。
>   例）コンピュータの上級者は1日平均の操作時間が長いことが、雑誌「読朝パソ」（2004年1月）の調査によって確かめられている。
> α関連項目 パラグラフ構成上の注意点
> ・①は中心文となるので、パラグラフ冒頭に置いて、論点を明確にする。
> ・同一パラグラフ内では、②と③のどちらが先に現れても構わない。
> ・②が①の理由としてなぜ適切なのかを、③によって説明する。また、③から①や②が論理的に無理なく導き出せることを、パラグラフ内で十分に説明する。

（『ピアで学ぶ大学生の日本語表現』p.60 より）

　上記引用中の①、②は書き手の意見で、③はすでに実証済みのデータである。①、②は③に基づいているので、議論の説得力を高めるためには、まず「証拠」をあげること、さらに「証拠」の信頼性を高めることが重要だ。私たちが日ごろ接する議論には、主張と理由は述べられていても、それらの根拠となりうる具体的な証拠に欠けるものが少なくない。「証拠」として適切なのは、数値、過去の事例、信用できる文献からの引用などである。以下の授業案では、「証拠」の吟味を焦点の1つとする。

　なお、1.4で触れた「部分と部分」「全体と部分」の関係強化の具体的な方法については、紙幅の関係で本稿では扱うことができない。これらについても、『ピアで学ぶ大学生の日本語表現』で説明されているので、そちらを参照されたい。

2 授業の内容と流れ

2.1 授業内容

　この活動では、討論番組の発言者の意見を「批判的に」聞き、「話し手の変わり目」「意味の切れ目」というパラグラフの本質的な性格を生かして、発言者ごとにパラグラフを作っていく。それを最終的にレポートに発展させる。

2.2 授業の流れと留意点

【コース開始前の準備】
以下のポイントを中心にチェックし、ふさわしい番組を選択する
①大学生の入門コースとしての内容の適切さ
②専門用語の量、レベル
③コース全体とのバランスから考えた放映時間

▼

【ステップ1】ライティングの準備
・番組を視聴する
・ノート・テイキングを練習する

◁　全課題が各自のノートに基づくことを初めに明示しておき、視聴中はできるだけ詳しくノートをとるよう奨励する。しかし、聞き取り、書き取りの力には個人差があるため、実際には、ピア活動とクラス討論を活用して、学生間の情報ギャップを埋めていく。

▼

```
┌─────────────────────────────────────┐
│【ステップ2】ライティングの導入          │
│・パラグラフ・ライティングを導入する     │
│・批判的思考を導入する                  │
│・ピア活動を導入する                    │
│・クラス討論する                       │
│（具体的活動の詳細は3.2 活動①で後述）   │
└─────────────────────────────────────┘
              ▼
┌─────────────────────────────────────┐
│【ステップ3】ライティングの練習          │
│・説得力のある議論の特徴について、番組出演者の発言
│  に即して考える                       │
│・5パラグラフのレポートを作成する(3.3活動②で後述)
│・賛成/反対両方の立場について、リサーチを加えたレ
│  ポートを書く                         │
│・自分の視点を確立していく              │
│・パラグラフをつなげてレポートを完成させていく
└─────────────────────────────────────┘
```

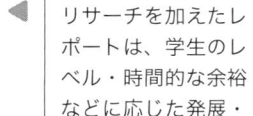

◁ リサーチを加えたレポートは、学生のレベル・時間的な余裕などに応じた発展・応用課題とする。

3　具体的な活動と実践の工夫

3.1　番組の選択基準と選択例

あまり長いものだとノート・テイキングが負担になるうえ、他の活動の時間が削られるので、30分前後のものが適している。長いものは、部分的に利用するか、授業時間に合わせて、2回程度に分けて見る。以下は例として選択した番組の概要である。

188　3章　統合的アプローチで授業をデザインする

番組の概要	
番組名	NHKスペシャル「学校って何ですか？改革と競争で問われる公教育・第2部」　　　　　　　　　　（NHK総合　2007年3月21日放映）
放映時間	90分。うち授業に利用するのは、最後の約30分「競争原理の導入」
出演者	スタジオ：文部科学大臣、教育社会学者、東京都の公立中学校校長、児童文学者(女性)、財界の代表者、アナウンサー2名(うち女性1名) 中継：公立中学校校長及び教師
主な論点	ゆとり教育の見直し、教師の質の向上、競争原理の導入、教員免許更新制度など

　教育行政の専門用語が多い箇所は、耳で聞いただけでは学生には理解しにくいので、最後の約3分の1(30分弱)にあたる「競争原理の導入」から見せ、アナウンサーを除くスタジオ出演者の5人の主張及びそれを支える理由、証拠を特定していく。

　また、この番組を選択した理由は、専門にかかわらず大学生が取り組むのに有意義な問題であり、リサーチに発展させやすい社会問題を多く含んでいるからである。批判的思考を活用して、議論の質を精査しながら見るため、出演者全員が完璧な議論をしている必要はない。時間的にも約30分と適当である。

3.2　活動①　ライティングを導入する(【ステップ2】)

◇活動の特徴と目的

　【ステップ1】で聞きとった討論番組をもとに、「主張＋根拠型パラグラフ」を書く。いきなり書かせるのではなく、クラスで検討した後に、各自書くようにする。また、それをピア活動やクラス討議を経て検討することによって、パラグラフ・ライティングの必須項目を理解できるようになる。

◇活動の手順と留意点

1) 主張に一貫性があり、証拠に数字など明解なデータを挙げている発言者を一人選ぶ。

　▸ 1)これは「主張＋根拠型パラグラフ」の書き方に慣れるための練習なので、わかりやすさを最優先にし、指導側が特定の発言者を選ぶとよい。

2) 1)で選んだ発言内容について、クラス全員で、主張・理由・証拠を確認し、特定する。

　▸ 2)理由が複数ある場合は、それぞれについて述べられている証拠とセットにする。実際にパラグラフにするときには、その中から、1セット選ぶ。

3) 2)で特定した3要素を含んだパラグラフを1つ、各自宿題で仕上げる。

4) ピア活動で、以下の点をチェックする。
　・主張は一番はじめに来ているか
　・理由と証拠は適切な形で述べられているか
　・パラグラフの最後に結び文は入っているか

　▸ 4)教師も全員の書いたものに目を通し、問題のある生徒には個別に対応。

5) 他の4人の出演者についても、1パラグラフずつ書くために、主張・理由・根拠を特定していく。

6) クラス全体で話し合い、発言者全員の主張・理由・証拠について確認する。

　▸ 6)必須の3要素について、番組内の発言をどう組み合わせても、具体的な裏づけや説明ができない発言者については、そう記しておき、どのような情報が加われば説得力のある議論になるか、書き出しておく。

◇その他の留意点

　発言者によっては、明確な証拠を示していない場合もあるので、「証拠があること」を前提とするのではなく、「証拠をあげているかどうか」を検証しながら、ノートの記録を読み返す。その際「たとえば」「○○の場合もある」などの表現にも着目させる。また、どのような説明を加えれば、特定の主張・理由を支える証拠として生かせるか、具体的な意見を出し合う。そこまでの説明をさせるのが難しい場合は、現場の教師の意見と、スタジオ発言者の意見で関連性が高そうなもの同士を組ませていく。その際、個々の発言者について、主張に対する証拠の信頼性、理由の妥当性について検討する。教師は、「証拠は主張を支持するのに適切か」「特定の状況についての事例を一般化しすぎていないか」などの質問を発し、具体的な議論をさせる。

3.3　活動②　5パラグラフのレポートを作成する(【ステップ3】)

◇活動の特徴と目的

　ステップ2で確認した各主張と根拠を参考に、「公教育への競争原理導入について」5パラグラフのレポートを作成する。

◇活動の手順と留意点

1) 各自、自分の立場を選び、それに基づいて「目標規定文」を作る。基本は「公教育に競争原理を取り入れるべきである／べきでない」のいずれかでよい。

2) すでに書いた単独のパラグラフも利用し、番組出演者の意見を、自分の意見のサポートとして取り入れながら、序論1、本論3、結論1の5パラグラフでレポートにまとめる。(次頁◇構成例1)

> 2) 発展・応用として、学生のレベル・時間的な余裕などに応じ、賛成・反対両方の立場について、リサーチを加えたレポートを書く。(次頁◇構成例2)

◇構成例１：５パラグラフのレポート
(1)序論：・公教育における競争原理の定義(本論をどう展開するかによって変わる)
　　　　・公教育における競争原理の是非についての自分の立場表明
(2)本論：①市場経済の競争原理を教育に持ち込むことのメリット／弊害どちらかで２パラグラフ
　　　　②反対意見を簡単に紹介し、それに反論する形で１パラグラフ
(3)結論：自分の立場を簡潔にまとめ、最後に今後検討すべき課題をあげる。
◇構成例２　発展レポート
(1)序論：・公教育の改革問題について、焦点を絞り込んで具体的に定義し、その問題をめぐる主な論点を紹介。
　　　　・そのなかで、自分の立場を明確にし、反対意見と直接対比する形で自分の支持する意見を要約する(目標規定文に相当)。
　　　　・本論の構成を簡単に説明。
(2)本論：①反対意見について１パラグラフにその主張、主な理由、証拠をまとめる。(より詳しく論じたい場合は、他の理由とそれを支える証拠を別のパラグラフにまとめ続けて述べても良いが、自分の支持する立場についてはそれ以上の説明をする必要がある。)
　　　　②①に直接反論する形で自分の支持する立場からの理由、証拠を複数のパラグラフで具体的に展開。
(3)結論

3.4　論証型パラグラフ・ライティングと批判的思考：導入の際のポイント
(1)　さまざまな見方を知ることによって、自分の意見を確立する
　このコースの目的の１つは、「○○という意見もあれば、××を支持する人々もいる」式の総花的議論をよしとしないことである。討論番組を見て、それぞれの発言者の意見を聞き取り、要約するだけでは、批判的思考力はつ

かない。つまり、自分の意見を確立するためには、単に情報を理解し、それを要約するだけでは不十分なのである。「情報の理解・要約」段階から「批判的思考」に発展させるために、まず、それぞれの発言者の論点の長所、短所を比較対照しながら、自分の支持する立場に近いものを見極めていく方法をとった。「主張＋根拠型パラグラフ」の書き方に不慣れな場合、インプットのない状態で、理由と証拠を書き分けたり、それらの関係を説明したりするのは難しいので、すでに存在する意見を整理する形で、これらの書き分けを体験的に学ぶステップを入れた。

(2) 議論の限界を自覚する

　目標規定文の絞り込みも重要なポイントとなる。たとえば、条件をつけたうえで、限定的に賛成・反対の立場を表明している出演者がいる場合、「○○という条件下において」という限定の必要性・重要性に気づかせる。

　　例：「競争原理を××に限定したうえで、公教育に適用すべきだ」

「競争原理を△△と解釈すると、公教育への適用は不適切である」など、議論に具体性をもたせ、限定することは大変重要である。目標規定文の絞り込みについては、他の章（2章1節、3章2節）でも詳説されているので、そちらを参照されたい。

(3) 「批判的思考」で議論に幅と奥行きを持たせる

　「批判的」に検討するという場合、瑣末な粗探しではなく、議論のベースとなる前提に片寄りや視野の狭さがないかに気づかせることが不可欠である。以下は、トピックにかかわらず、適用できる質問である。

・「問題に関わりのあるすべてのグループの声が均等に反映されているだろうか」
・「偏りがあるとすれば、どのような声が支配的で、どのような声が隠されてしまっているか」など。

　ここでは、「この出演者の顔ぶれで、学校教育に関わる代表的な人たち、グループの声はカバーされているか」と具体的に聞くこともできる。

　あるいは、競争原理導入をめぐって、「大学以前の公教育と、高等教育と

の違い」という観点から、学生たちに直接関係のある問題として議論し、大学で学ぶ意義や目的について、あらためて深く考えさせるきっかけにつなげてもよい。

以上をふまえて、この指導案のポイントをもう一度整理する。
① 正解を求めるのではなく、また教師が知識を注入するのでもない。学生が考え始めるきっかけを与える。
② 識者の議論にも、必ずしも明確な論拠が示されているとは限らない、という点に気づかせ、議論の信頼性は自分で判断する必要があることを自覚させる。
③ 母語である日本語を使ってパラグラフ・ライティングの基本を練習する。その際、多様なインプットを意識的に活用することで、言語技能の統合的な練習を行う。

4　応用・発展の可能性

　本節で取り上げたパラグラフの基本の書き方、論旨展開は、専門レベルのアカデミック・ライティング、ビジネス・ライティング共に、応用可能である。たとえば、「個」と「全体」の結束性、パラグラフの展開法、また読み手に対する配慮など、ビジネス・ライティングのテキストでも数多く取りあげられている。図1は、ここで紹介した基本型の応用・発展の可能性の1例である。

　ライティングの力は、学び、書き続けている限り、一生伸ばしていくことができる。したがって、1つのコースで欲張ってあれこれ教えるよりも、学生自身がその後、いろいろな場面で書く必要に迫られた際、ベースとなる応用可能な基礎力をつけさせたほうがよい。もっとも、この「基礎力」に何が含まれるかは、議論の分かれるところである。本節では、「ライティング力」と「思考力」の伸長に的を絞り、指導案の1例を示した。学生自身の「ライティング力」と「思考力」の発展の可能性は、英語圏では初等教育から職

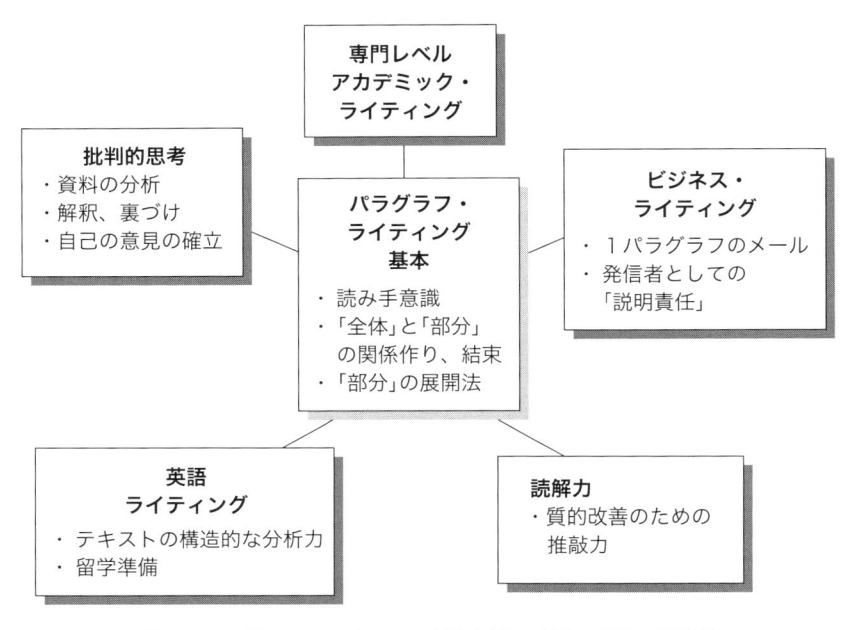

194　3章　統合的アプローチで授業をデザインする

```
                    ┌─────────────┐
                    │ 専門レベル    │
                    │ アカデミック・│
                    │ ライティング  │
                    └─────────────┘
┌─────────────┐     ┌─────────────┐     ┌─────────────┐
│ 批判的思考   │     │ パラグラフ・ │     │ ビジネス・   │
│・資料の分析  │─────│ ライティング │─────│ ライティング │
│・解釈、裏づけ│     │   基本      │     │・1パラグラフのメール│
│・自己の意見の│     │・読み手意識  │     │・発信者としての│
│  確立       │     │・「全体」と「部分」│  │  「説明責任」│
└─────────────┘     │  の関係作り、結束│  └─────────────┘
                    │・「部分」の展開法│
                    └─────────────┘
       ┌─────────────┐           ┌─────────────┐
       │ 英語         │           │ 読解力       │
       │ ライティング  │           │・質的改善のための│
       │・テキストの構造的な分析力│ │  推敲力      │
       │・留学準備    │           └─────────────┘
       └─────────────┘
```

図1　パラグラフ・ライティング基本型の応用・発展の可能性

業生活を通じ、生涯続くものであることが示唆されている。日本での指導と学習の応用可能性を考える際には、そこに日本の言語・文化の伝統と、脱工業化社会として先進国が普遍的に直面するリテラシー教育の諸問題が交錯する。したがって、その交点において、指導側、学習者自身が問題の諸要素をどう組み合わせ、何に力点を置くかによって、指導と学習の応用のパターンにも多種多様な可能性がある。

参考文献
〈理論的背景に関する文献〉
市川孝(1978)『国語教育のための文章論概説』教育出版.

大島弥生・池田玲子・大場理恵子・加納なおみ・髙橋淑郎・岩田夏穂(2005)『ピアで学ぶ大学生の日本語表現―プロセス重視のレポート作成』ひつじ書房.

加納なおみ(2002)「効果的なパラグラフ・ライティング指導のための技能統合型授業―パラグラフ・ライティングとクリティカル・リーディング」『大学生のための表現法 平成13年度成果報告書』東京水産大学：pp.28-48.

木下是雄(1994)『レポートの組み立て方』筑摩書房.

橋内武(1995)『パラグラフ・ライティング入門』研究社出版.

Connor, U.（1996）*Contrastive Rhetoric: Cross-cultural Aspects of Second-language Writing*. Cambridge University Press.

Fowler, H. R. and Aaron, J. E.（2004）*The Little, Brown Handbook*.（9th ed.）. Pearson Education, Inc.

Lindemann, E.(1995)*A Rhetoric for Writing Teachers.*(3rd ed.). Oxford University Press.

Toulmin, S. E., Rieke, R. and Janik, A.(1979) *An Introduction to Reasoning*. Macmillan.

Twine, N.(1991) *Language and the Modern State: the Reform of Written Japanese*. Routledge.

Booth, W. C., Colomb, G. G. and Williams, J. M.(2003) *The Craft of Research*. The University of Chicago press.

Williams, J. M.(1990) *Style*. The University of Chicago Press.

〈ライティング及び大学教育のための参考文献〉

Bean, J. C.（2001）*Engaging Ideas: the Professor's Guide to Integrating Writing, Critical Thinking, and Active Learning in the Classroom*. Jossery-Bass.

Bonwell, C. C. and Eison, J.A.（1991） *Active Learning: Creating Excitement in the Classroom*. J-B ASHE Higher Education Report Series（AEHE）. Jossery-Bass.

Chambliss, M. J. (1995) Text Cues and Strategies Successful Readers Use to Construct the Gist of Lengthy Written Argument. *Reading Research Quarterly*. 30(4). pp. 778-807.

Cunningham, H. and Greene, B.(2002) *The Business Style Handbook: an A-to-Z Guide for Writing on the Job with Tips from Communicating Experts at the Fortune 500*. McGrow-Hill.

Kuhn, D.(1991) *The Skills of Argument*. Cambridge University Press.

Norton, B. and Toohey, K.（2004） *Critical Pedagogies and Language Learning*. Cambridge University Press.

Pellegrino, V. C.（2002）*A Writer's Guide to Powerful Paragraphs*. Maui Arthoughts Company.

Wink, J.(2004) *Critical Pedagogy: Notes from the Real World.*.(3rd ed.). Allyn & Bacon.

◎分析からヒントを得る

3章7節　学校教育における規範としての「談話構成」

岡本　能里子

▶論理的「談話構成」の規範、問題点、および指導上の課題を探る

1　論理的談話構成とは何か

　近年、大学生や社会人の日本語力の低下が指摘され、大学の初年次教育（導入教育）として、論理的な文章表現や口頭表現能力育成のための授業が開講されるようになってきた。それに伴い、論文の書き方や効果的なディベート、スピーチの方法を解説した著書が次々と出版されている。しかし、これらの中には単に欧米の手法や表現スタイルを踏襲しただけのものも多い。また、実証研究ではないKaplan(1966)の知見を論理構成の文化差として一般化する傾向も見られる。それに対し、直感的な文化差を問題にするのではなく、日本語および他言語と日本語の実態調査をもとにした対照談話研究を通して「論理性」における「規範」と実態のずれを明らかにする必要性が提唱されている(馬場千秋 2003、馬場哲生 2003)。そこで、本節では、日本語の談話構成について先行研究、アンケート調査および実態調査として日本人大学生による小論文と紹介文の分析を行った。

2　日本語の「談話構成」

　メイナード(2004)は、文章全体をまとめる統括機能のある「中心段(落)」

がどこにあるかによって日本語の文章構成を整理した佐久間(1999)を援用し、①「頭括型」(文章の冒頭部に中心段が位置するもの)、②「尾括型」(文章の結尾部に中心段が位置するもの)、③「両括型」(文章の冒頭部と結尾部に中心段が位置するもの)、④「中括型」(文章の展開部に中心段が位置するもの)、⑤「分括型」(文章の2カ所以上に複数の中心段が分散して位置するもの)、⑥「潜括型」(文章中に中心段がなく、主題の背後に潜在するもの)の6種類の基本的構造類型をあげている。その上で、これまでの研究では、日本語では中心段(落)となる書き手の意見が談話の最後に来る「尾括型」が多く、日本語の伝統的な文章構成とされてきた「起承転結」や「序破急」とも矛盾しないという。

3 学校での談話構成学習歴

学校で行われている談話構成の教育の実態を探るため、日本人大学生(1年生から4年生(18歳から26歳)の50名)を対象に、2004年10月から2005年12月にかけて学校教育で受けてきた「書くこと」についての「談話教育」のアンケートを実施した。その結果、彼らが学んできた談話構成の型は、「三段論法」と「起承転結」の両方、「起承転結」の順に多いことがわかった。

4 「規範」とみなされる「談話構成」

(1) 小論文に見られる談話構成の「規範」

筆者の所属する学部では、入学前指導として指定校制推薦入試合格者を対象に「小論文」の事前指導をしている。その主旨は以下のようになっている。

「小論文の目的は、学生諸君の中に芽生えた小さな問題関心を育て、それについて一定の提言を行えるだけの知識・情報を収集する方法や、考え方をアドバイスし、さらに簡潔で説得力のある文章により、その提

言を論理的に表現できるように指導することにあります」(大学が配付するパンフレット「卒論の書き方」より)

　この事前指導の具体的な方法は担当教員の裁量に任されている。そのため、事前指導のあとに書かれ、担当教員全員(9名)が審査する学内の論文コンクールに応募された小論文のうち、高く評価されたものの談話構成は、教員のもつ談話構成の規範意識を反映していると解釈できる。
　この評価で上位に入った24本の小論文の談話構成を分析した結果、「はじめに」と「おわりに」を書いているものがほとんどで、「おわりに」とその前の段落に提言等中心となる意見が述べられていたものが23本あった。これらの2つの箇所を結尾と考えると、ほとんどが「尾括型」であることがわかる。また、「はじめに」に結論となる意見を述べているものが1本あったが、最後にもう1度冒頭の意見を述べているため、これは「両括型」となる。そして、「頭括型」は一本もなかった。
　これらの小論文の「はじめに」では、冒頭部のほとんどが問題関心の背景や状態など事実に基づく説明をする文であり、その後に関心事をふまえた問題提起がなされていた。

(2)　紹介文に見られる談話構成の「規範」
　メイナード(1997)では、新聞のコラムタイトルとそのパラフレーズがどの位置に現れているかを調べることで、日本語の論文構成の型を確認している。コラムのタイトルは見出し同様に、筆者の最も主張したい意見と考えられ、そのパラフレーズが文章構成上でどこに現れるかを調べることは、中心段を知る手がかりとなる。
　この紹介文に見られる談話構成の調査では、「日本語教員養成課程」を履習したことがどのように役立ったかの私見を1000字で後輩に紹介している7本を対象に、タイトルのパラフレーズがどの位置に出ているかを分析した。
　分析の結果、最初と最後から2番目の段落に出てくるものが4本で最も多

かった。そして、最初の段落、最後から2番目の段落、そして最後の段落に出てくるものがそれぞれ1本ずつあった。

上記のように、出現位置が最後から2番目と最後の段落を含むものを合計すると7名中6名であり、談話の最後に結論が来る傾向があるといえる。

5　談話構成指導の今後の課題

上記結果も含め重要な点は、学校現場で文章の全体的な構成と論の展開法である談話構成の間にずれのない一貫性のある文章表現能力育成のための教育は行われていないということだ。学部でも「小論文」を書くための事前指導は行っているが、「論理的な文」の構成や論の展開方法の指導には統一見解はなく、指導教員の裁量に任されている。小論文の構成は「はじめに」→「本論」→「結論」→「おわりに」であり、欧米型の三段論法に近い。しかし、欧米で一般的な中心の主張が冒頭に出る「頭括型」ではなく、従来から日本語の文章の型の特徴と言われていた「尾括型」になっており、教員が「規範」としている「論理性」との共通性があると考えられる。全体的な形式上の構成は欧米型で、中心段の位置という談話構成は従来の日本型の特徴が保たれている点で、形式と談話構成との間にずれがあるといえる。

一般的な日本語の「規範」としての「論理性」を裏付けるためには、外部の論文コンクール入賞作品や、教員をはじめ指導側へのインタビューも必要である。また、大学の留学生の母語の中で多数を占める中国語、韓国語について、筆者の経験から日本語との違いを感じる。異言語間の談話構成の順序性の違いは、当該言語の統語的な面と社会文化的な面との双方から分析する必要がある。評価を含めた表現能力のあり方を模索する上で、欧米言語に対してひとくくりにされがちなアジアの言語間の異同を注視した対照談話構成研究が急務である。

参考文献

佐久間まゆみ(1999)「現代日本語の文章構造類型」『日本語学論説資料』36(第4分冊　文体・音韻・表記): pp.178–191.

馬場千秋(2003)「英語教育評価について、何を知るべきか」金谷憲編著『英語教育評価論』: pp.119–138. 河源社.

馬場哲生(2003)「英語教育評価について、どのように知るか：リサーチ・デザインⅢ　言語圏によって文章構成に対する評価は異なるか」金谷憲編著『英語教育評価論』: pp.161–170. 河源社.

メイナード, 泉子　K (1997)『談話分析の可能性』くろしお出版.

メイナード, 泉子　K (2004)『談話言語学』くろしお出版.

Kaplan, Robert B. (1966) Cultural thought patterns in intercultural educations, *Language Learning*, 16, pp.1–20.

資料

東京国際大学　国際関係学部編　『わたしたちが変わる　わたしたちが変える　2002年版　論文コンクール・指定校制推薦入試合格者小論文』

東京国際大学　国際関係学部編　『わたしたちが変わる　わたしたちが変える　日本語教員養成課程履習者メッセージ　2005年版　指定校制推薦入試合格者の小論文　2004年度版』

東京国際大学　国際関係学部編　『わたしたちが変わる　わたしたちが変える　2005年版　映像作品コンクールの論文と番組解説書　指定校制推薦入試合格者の小論文　2005年度版』

○分析からヒントを得る

3章8節　コミュニケーション意識化の活動での気づき

茂住　和世

▶ 自分の話し方の問題点を自覚させる

1　自分のコミュニケーションについて考えさせる

　就職活動を控えた3年次の学生たちに、コミュニケーションについて改めて考えさせるのもキャリア教育の1つの手段である。なぜなら、彼らは「コミュニケーション＝おしゃべり」という程度の意識しかなく、自分のコミュニケーションには別段問題を感じていないか、あるいは、自分のコミュニケーション力はどうなのかということについて考えたことすらないからだ。

　一方、企業が採用に当たって重視する能力の第1位はコミュニケーション能力[1]である。また、厚生労働省が定義した「就職基礎能力」は「コミュニケーション能力」「基礎学力」「ビジネスマナー」「職業人意識」という4項目であり、経済産業省が定義した「社会人基礎力」の中にも「発信力」「傾聴力」というコミュニケーションに関する力が含まれ、大学生が社会人となる上で最も重要なのはコミュニケーション能力であると言っても過言ではないだろう。

　したがって、「コミュニケーションとは何か」ということを多角的かつ経験的に捉えなおすような活動を授業やセミナーなどに取り入れることは学生にとって意義のあることだと言えよう。

2　活動の概要

　本節では、ある場面ではどのような発言が適切であるのかを考えさせる活動を通して、学生がどのような気づきを得るに至るのかを、授業の終わりに「振り返り」として書かれた学生のコメントから紹介しようと思う。

　授業ではまず始めに、高コンテキスト・低コンテキストという概念[2]について簡単にレクチャーした後、学生を男女混合の4–5人のグループに分ける。各人にプリントを配付し、いくつかの場面で高コンテキストの場合はどう言うか、低コンテキストの場合はどう言うかを考えさせた。たとえば、「夜遅くなったので、家に来た友達に早く帰ってもらいたい時」「野良猫に餌をやっている近所の人にそれを止めさせたい時」「訪問販売員に羽毛布団を買うよう勧められたが断りたい時」というような場面である。それぞれが回答を記入したら、グループ内で話し合いをさせ、各場面における、グループ内で最も適切な言い方を選ばせる。最後にグループごとに代表者にまとめた結果を発表させる。授業の最後には振り返りコメントを書かせ、提出させた。

　以下は、その振り返り用紙に書かれた学生たちの気づきである。

3　学生たちの気づき

（1）　表現の多様性

　まず、学生たちは低コンテキストスタイルの言い方には大変苦労し、そしてグループ内の一人一人の表現が異なることに改めて気づく。

・自分が作ってみた会話文が完璧だと思っていてもいざ皆と照らし合わせてみるともっと良い言葉の言い回しがあることを体験できました。
・グループを組んで、皆の意見を聞いて、内容は大体同じなのに表現のしかたで全然変わるのもあって面白かった。
・他の人、特の女性の意見というのは普段男性とばかり話している私にとって貴重でもあり新鮮なものを感じました。

（2）　自分のコミュニケーションに問題があることに気づく

　また、低コンテキストスタイルの言い方ができないことから、自分自身のコミュニケーションには問題があるのだということにも気づく。

- 低コンテキストを作るのがとても難しい。言い方を何パターン作っても「相手が怒るんじゃないか？」「これでは伝わっていないのではないか？」と、日本人が高コンテキストで慣れていることを実感しました。
- 自分の生活を振り返ると、人に物事を説明するのが上手くないと感じることがある。
- 相手がわかってくれるだろう、とか、相手まかせな考え方ばかりで会話をしていると、かみ合わなかったり伝わりきれなかったりする。
- 私は日頃よく主語を抜いて話してしまって友達に指摘されるので気をつけなくてはいけないと痛感しました。
- いざローコンテキストな文章を考えるとなると、まわりくどい言葉しか思いつかなかったり、NGとなるぶしつけな言葉しか思いつかず、自分のボキャブラリーの少なさに悲しくなりました。

（3）　正確に伝えることの困難さの実感

　同時に彼らは言葉を駆使してメッセージを正確に伝えていくことの難しさを下記のように実感するようになる。

- 相手の想像力を期待し過ぎないで、自分の言葉でしっかり相手に伝えるということが大切なんだと思いました。言葉の順番が違うだけでも相手に与える印象が違ってくるのも感じました。
- 自分と親しい人間に高コンテキストで物事を伝えることはたやすく、親しくない人間や目上の人に高コンテキストで物事を伝えるのは難しいと思った。
- 今の世の中、説明責任が重要だから、アメリカのようなローコン型の方が日々鍛えられて社会がよくなるような気がする。
- 相手との意思の疎通を図るためには相手に確実に内容が伝わり、かつ不快感を与えない方法を選ばなければいけないと感じた。それは難しいことだ

が、人とのコミュニケーションをはかる上に非常に重要なことだと思う。今日はそのことを再認識するいいチャンスになった。

(4) 気づきの広がり

さらに学生たちの中には話し言葉から書き言葉へと視点を移す者もいる。

- 今日やった内容は「会話」であったが、もしこれが文字だけのやり取りの場合逆にかなり低コンテキストになるように感じる。
- このコンテキストに頼ることなく文章を作るということが日本人にはかえって困難になっているんじゃないかとも考えられる。

そして、次のようなレベルの気づきを得る学生のコメントも観察された。

- 私は日本人なので世界的に見ると高コンテキストな人種なのだろうが、その日本人の中でも特に言葉が少ない人間だと思う。今後、社会に出た時や低コンテキストな人と接する場合は、きちんと言葉をつなげて、誰にでも理解できるような話し方を心がけたいと思う。
- 高コンテキストで日常を過ごしていると、低コンテキストな話し方ができなくなっているのではないかと自分でも思う。就職活動を行う自分にとってこれは致命傷だと気づいた。

教師が何も言わずとも、上記のような振り返りを可能にする活動を経験した学生の就職活動は、経験しない学生よりもきっとうまくいくのではないだろうか。

注

1　朝日新聞 2006 年 3 月 20 日「07 年春主要 100 社採用計画調査」のデータ。採用に当たって重視している能力を選択肢から 3 つ選んでもらったところ、100 社中 76 社が「コミュニケーション能力」を選択していた。

2　コンテキストとは文脈、状況、場面というような意味である。文化人類学者の

E.T. ホールは、コミュニケーションの際のコンテキストへの依存度による文化の違いを「高コンテキスト文化」「低コンテキスト文化」という概念で説明した。日本は高コンテキスト(ハイコンテキスト)文化の代表で、コンテキストに依存する度合いが高く、言葉よりも周囲の状況や人間関係、また非言語の要素(視線や声の調子など)がメッセージを伝える際に重要な手がかりとなる文化である。つまり、「何を言ったか」より「どのように言ったか」「どんな状況で言ったか」が重視される。低コンテキスト(ローコンテキスト)文化は、北米やドイツなどがこれに当たるが、コンテキストよりも言葉を重視してメッセージをやり取りする文化である。もちろん同じ日本人同士でも相手によって、たとえば初対面の人とのコミュニケーションと親しい友人同士ではコンテキスト依存度も違ってくる。

参考文献

ホール, E.T. 著　岩田慶治・谷泰訳(1993)『文化を超えて』TBS ブリタニカ.
八代京子・荒木晶子・樋口容視子・山本志都・コミサロフ喜美(2001)『異文化コミュニケーションワークブック』三修社.

206　3章　統合的アプローチで授業をデザインする

◎分析からヒントを得る

3章9節　談話構成に見るグループの課題遂行の意義

小笠　恵美子

▶ 大学生の少人数グループの発表準備の話し合いのプロセスから、その教育的意義を探る

1　はじめに

　近年、大学生が、課題達成のためにどのようなアプローチを取るべきかを論理的に思考する能力を、初等・中等教育で培ってこなかった、という指摘がされている(三宅 2002)。実際の活動で、大学生はどのように課題を達成しているのだろうか。その過程を探るとともに、グループで課題をこなすことの教育的意義を考える。

2　データと分析方法

　データを収録した4年生対象の授業では、決められた社会的なテーマ1件について4人1グループで話し合い、その発表とレポート提出が課せられている。本稿では、授業中の話し合いを録音し、録音状態の良い1グループの話し合いの文字化資料、学生が書いた記録およびレポートをデータとした。
　分析は①課題遂行時の規範(その場を構成する者が当然のこととして暗黙のうちに了解している評価基準)②課題内容の知識形成の方法に注目した。

3 「よりよい発表」に関する規範

　発表内容、発表形態を話し合う過程で「おもしろい発表」として肯定的に捉えられている発表は、①発表者が情報を提供するだけではなく、聞き手を引き込む工夫がある発表②聞き手に新しい知見をもたらすような発表であった。

　①は発表形態に関するもので、発表の過程でディベートを行ったり、発表内容に聞き手や同大学の学生を対象としたアンケートの結果を加えたりするといったアイデアを肯定的に捉えている。反対に、「普通に調べてそれを発表、みたいなのではおもしろくない」という発話があり、何らかの工夫がなければおもしろくないと考えているようである。②については、話し合いの中で知識そのものを「おもしろい」と表現し、知識を得ることを肯定的に捉えている。

　これらの発表形態や内容の「おもしろさ」を追求した結果として、聞き手に知識や意識の変化をもたらすものを評価されるべき発表と考えている。つまり、①②の志向性がある一方で、たとえば、ディベートを「意見を出しあって終わり」ではいけない等の発話が見られることから、発表後、発表された社会問題に対して聞き手の意識の変化が生じる発表を「評価される発表」と見なして重要視している。

4 課題を実現化するための合意形成

　「よりよい発表」を志向する一方で、会話参加者たちは、授業中の話し合いでは発表（課題の実現化）にいたるまでの手順や方法を話し合いの最優先課題として、発表内容以上に重要視している。4回の話し合いのうち、1回目の話し合いの前半では、話題は発表の形式や手順に終始しており、発表内容が話し合われる前に発表の時間、発表中にアンケートの結果を出すという発表形式、アンケートの配布方法が話し合われている。

5　知識の合意形成

　テーマに関連する知識の形成は、課題遂行と並行してなされ、知識の有無によって課題遂行過程の全体像の見直しがなされている。対象グループでは発表の内容決定と同時に、まず、会話参加者が発表内容に対する自身の知識を交換していた。続いて、「脳死による臓器提供の是非」（課題として与えられたテーマ）に関するアンケート項目記録を検討した。その過程で、「脳死」について、グループ参加者間に欠けている知識が何かをはっきりさせていく。そして、テーマの前提となる「脳死」への知識の不足を自覚して、アンケート項目に、たとえば、「脳死とは何か」「植物状態と同じか」「栄養があれば生きられるか」などを挙げた。つまり、自身の知識を話し合いを通してモニターすることで、発表の内容も変えていっている。

　4のように発表の手続きを初めて話しあう一方で、発表内容の構成については初めに決めることなく、知識の集積を優先している様子が窺える。そのため、各自が知識を出しあう→知識が出尽くす→冗談→沈黙→資料等による新たな知識の提示→話し合いの活発化という、発表の形のアウトプットに直結しない話し合いをくり返している。つまり、発表内容に関するアイデアがなくなると、資料等の知識にあたり、それを共有したうえで新たな展開を探る様子が窺えた。以上のことから、この会話の参加者にとって、テーマ関連の知識は、課題遂行のうえで問題解決の糸口になりうるものと位置付けられていると考えられる。

6　教育的意義

　以上の観察から、グループによる課題遂行の教育的な意義としてまず挙げられることは、学生が自身の知識の持ちようを客観的に捉えられる機会となることである。グループの話し合いでは、課題の遂行に向けて互いに知識を出しあい、それらを出しおわった時点で資料などの新たな知識にあたりなが

ら課題を遂行する。このため、学生たちはどこまでが既存の知識で、どこからが新しく取り入れた知識であるかを明確に把握することができる。授業の感想でも「アンケートを作るにあたって分かったことは、私の『脳死に対する知識のあいまいさ』です」、「今まで私は脳死と植物状態をゴジャゴジャにして覚えていたらしい」といった記述が見られ、学生が自身の知識不足を発見していることがわかる。

　次に、個人的な感想やアイデアが、話し合いを通して説得力を持った発言に昇華しうるという点が挙げられる。たとえば、発表の形式について、初めは「アンケートを取るとおもしろい」という、好みを反映した発言が、話し合いを進めていくうちに、「最初にあいまいだった脳死への理解が我々のプレゼンではっきりとわかるようになったら、それは評価になる」と、アンケートの意義付けがなされ、課題遂行の計画に組み込まれていく。

　また、「脳死とは何か」というアンケートの作成において「一週間以上眠り続けること、ごめんなさい」といった、冗談の混ざった発話が「でもいいかもよ、意識がない」「返答がない」と他のメンバーによって言い換えられる場面がある。ここでは、授業の発表という場にふさわしい表現によって提示されなかったアイデアが、他のメンバーの言い換えによって、実際にアンケート項目として取りあげられている。「おもしろい」「一週間以上眠り続ける」といった授業中に公式に現れることが少ない発言が、グループでの話し合いでは出現が許され、話し合いの過程で、公式に受け入れられる発言に変わっていく。グループの話し合いという昇華の機会を得て、個人の豊かな発想を課題に反映させられるという、教育的な意義が挙げられる。

7　まとめ

　課題遂行のステップとしては、①具体的な課題の設定（章立て等、自身の知識の発信の形の設定）→②課題に向けた自身の知識のあぶり出し→③知識の不足部分の補足→④発信の形に合わせた知識の加工という形が考えられ

る。しかし、本稿の対象グループは、課題遂行の過程に向けて新たな知識を「おもしろい」形で発信するべきという規範のもとに、(1)具体的なスケジュール調整を含めて話しあう、(2)上記の③を繰り返して④に向かうという様子が見られた。この過程には、対象グループが4年生であり、既に課題達成に向けて何をすべきかを知っている様子が見られる。学生が発表に対する受け手の評価や課題達成の形を気にしつつ話し合いを進めていることから、学生の力に応じてより具体的に評価基準や、課題達成の形を示すことは、課題遂行の方向性を与え、規範と実践との隔たりを埋める助けとなるであろう。

参考文献

三宅和子（2002）「『日本語能力を育てる』とは―大学生の日本語表現能力をめぐる問題と教育の方向性」『文学論藻』76: pp.18–32.

二通信子（1996）「レポート指導に関するアンケート調査の報告」『北海学園大学学園論集』86, 87.

Tannen, D. (1993) What's in a frame? : Surface Evidence for Underlying Expectation. D. Tannen, D. (ed.), *Framing in Discourse*、Oxford University Press.

◎分析からヒントを得る

3章10節　ブック・トークにみる引用と要約の難しさ

大島 弥生

▶ 学習者の発話例の分析から引用と要約の習得の難しさについて考える

1　留学生にとって困難な「引用」と「要約」

　大学留学生の日本語を指導していて感じるのは、自分の意見を主張するのは好きで得意だが、本などの他者の言葉をうまく引用・要約して利用することは苦手な学習者が多いということだ。どこからどこまでが引用・要約なのかがわからない、本の丸写しのようなレポートが、よく提出される。

　事実と意見を混同しないことと、他者の意見をあたかも自己の意見であるかのように主張しないことの2点は、熟練していない書き手にとっての重要な学習ポイントだ。この2点を理解していないと、大学や大学院での課題を提出した際に、剽窃とみなされたり、主観的で信憑性のとぼしい文章と評価されたりするおそれがある。

　大学でのレポートやスピーチの中では、他からの情報を引用し、それに基づいて意見を主張する必要がしばしばある。これが、とりわけ日本語の書き言葉自体の習得段階にある留学生にとって、学習上の困難点となっている。たとえば、二通(2003: 98)は、日本語でレポートを書く留学生がレポート内容を自分で論理的に組み立てることができず、引用のルールを無視した文章の強引な取り込みを頻繁に行うことを指摘し、「外から得た知識と自分の知識を統合させ、自分の思考を経た自分なりの文章を作り出していく過程での

指導」の重要性を主張している。

　この困難点について八若(1999, 2001)は、読解能力と第2言語での引用との関係を探っている。それによれば、言語能力が情報使用の「正しさ」に影響し、読解力上位群は読解材料から有意に多く、適切な情報使用を行っているという。学習者の中には、自己のレポートに他からの情報を成功裡に統合させているものとそれができていないものとがある。同じ学習者でも、「話す」か「書く」の一方でしかできていない可能性もある。

2　留学生によるブック・トーク

　情報の引用・要約は、学習活動の中で、どう表れるのだろうか。筆者は、大学学部留学生を対象に、1冊の本の内容をまとめるブック・レポートと、その本の内容をグループの他のメンバーに対して報告するブック・トークとを課した。このクラスでは、各学習者が新書1冊を読み、ブック・レポートを作成することが宿題になっている。ブック・トークは、3–7人のグループに分かれ、発表者がブック・レポートを書いた本を他のメンバーに紹介し、他のメンバーは質問や意見を述べるというもので、1発表約20–30分程度の活動である。

　まず、中国人上級学習者Bのブック・トークを紹介する。

【会話例1】

　B：ゴミとすれば、ひとたちはただ、ゴミ出すのそれだけ思わないけど、ゴミ出すとき、あこれゴミ出してたと思うけど、この著者は、もの買うとき、もうゴミを買うんじゃないかと書いています。(中略)そして、あのそれを包装したパ、パ、タンボル、タンボルからタンボルまで全部ゴミになるということです。(中略)それは会社、企業会社で作っているいるしょうだいゴミとして、著者は書いています。

ここでは、要約して引用している部分ではしばしば普通体が用いられ、「ということです」と「書いてます」が適当な箇所に挿入されており、「あるだと」のような接続の誤用はあるものの、引用として自然な印象が強い。

次にあげるのは、もう一人の参加者Jとの質疑応答である。

【会話例2】
　J：あの著者は解決方法は言ってない、ただ、ゴミは少ないように、出るの方法が話したんです。どうやってゴミ問題を解決する方法が話してない、これは根源ですよ。
　B：でもこの本は地球を壊さない生き方の本ですよ。それが自分、あの、人の生き方として書いた、んー、問題だと思うけど、ちょっとそれまで書けないんじゃないかと思うんだけ
　J：や、あるいはこの本はすべて著者の自分の意識ですよね。
　B：ち、い、意見というです。
　J：意見といいます。では今現実ではみんなは、みんなの行動は、えーん、なんというかな、ちょっとこの問題、ちょっと、あとで、申します。

　さらに、他の学習者Jからの著者への批判に対して、Bは本の姿勢を限定することで応じている。これらの会話でBは、表現上引用に成功しているだけでなく、本の性格を正確に捉え、批判に対してその価値を説明している。また、自分の意見としても、本の限界を示した上で、「納得できること」があることを示すことに成功している。

　次に、日本語力が相対的にやや低い学習者Lの発表を取り上げる。

【会話3】
　P：この本ではあの筆者はどの順序に論じますか、い、つまり
　K：順序
　L：うん、はい
　P：ど、どこから（はい）ろん、論じ始まりますか。さらにーどの方面
　L：あーはいはい、さらには、あ（K：そうそうそう）はやいです。はやい
　P：え、どの方面から論じますか（L：ほうめ？）このこの本では（L：うーん、はいはい）、筆者はどの方面から
　（このあと、質問者Pが質問意図をLに説明するやり取りが続く）
　L：んーはい、あーはじめはえーとたとえばー、回転寿司とかー、えーと牛丼とかー、んーそのような日本人はいつも食べるもの。んー、はやい、食べるものからー、えーと、あーこれを見てからー、筆者は何を思っています、この

　　　　理由は、ななんでー、なんで今これは今とてもはやっていますかー、そのような疑問があります。あとで自分で、じぶ、あとで自分の考えをーんーよくーかい、かいました。
P：第1章ですか？
L：そうです。
L：そうです。今の社会の現状は何ですかー、これを見てからー、全部、自分は全部食事についての問題です、これを見てからー、自分でー、なにを考えてー、えーと、あーこのようなですかーと思って、えーと、あ、最後に自分で調査してからー、えーとまとめてー、自分で書いています。

　学習者Lは、著者が本の中で日本社会の食の現象を描写した上で要因を考察し、その後に著者自身の調査をまとめたということを、表現している。Lは入れ子型の従属節を持つ引用の構文を正しく発話できていないが、そのかわりに「〜ますか、そのような疑問があります。あとで〜」「〜を見てから、〜ですかーと思って」のように、文の連鎖を利用して本の著者の構成を再現しようとしている。

　この例から、Lのようにある程度本の内容をつかみ、構成も把握できていても、それを引用の表現にうまく入れて伝えることは、留学生にとってはかなり負荷が大きい作業であることがわかる。

　ここで興味深いのは、学習者Pの質問である。ここではPの質問が本の構造の掘り下げを要求している。Pには、著者がどのような構成で何を材料に論旨を展開しているかを把握しようという姿勢が強くあることがわかる。

　このような学習者間の差は、日本語能力の差によるものが大きいだろう。とはいえ、日本語の語彙や表現が身につけば、引用や要約が十分にできるようになるとは限らない。日本語母語話者の大学生でも、レポートに慣れていない学生は、しばしば丸写しに近いレポートを出す。つまり、本の引用や要約を使いこなして主張することは、単なる日本語力だけではない、訓練や経験が必要な技能だということだ。

　たとえば、Lが抜粋した箇所の選択自体は本の要旨から外れておらず、「」を用いた直接引用には成功しているように、学習者は言語能力に応じて何ら

かの形で情報の取り込みを試みている。教育においては、この試みをさらに引き出していく必要がある。「意見を述べる」指導はよく行なわれる。それだけにとどまらず、引用や要約を用いて取り込んだ情報をもとに主張したり、情報の語られる構造を点検したりする訓練も、大学生や大学留学生には重要だろう。

参考文献

大島弥生(2004)「ブック・トークとレポートに見る留学生の引用と主張」『社会言語科学会第 13 回大会発表論文集』: pp.101–104.

大島弥生(2009)「ジグソー型ブックトークを通じた日本社会に関する知識の構築」『言語文化と日本語教育』37: pp.82–85.

佐渡島紗織・吉野亜矢子(2008)『これから研究を書くひとのためのガイドブック―ライティングの挑戦 15 週間』ひつじ書房.

二通信子(2003)「専門科目でのレポート課題の実態とレポート作成上の問題点―専門教員及び留学生へのインタビューから」『日本留学試験とアカデミック・ジャパニーズ』(平成 14 年度〜16 年度科学研究費補助金基盤研究費A1, 課題番号 14208022, 研究成果中間報告書, 研究代表者門倉正美): pp.89–100.

八若壽美子(1999)「日本語母語話者と日本語学習者の作文における読解材料からの情報使用について」『言語文化と日本語教育』18: pp.12–24.

八若壽美子(2001)「韓国人日本語学習者の作文における読解材料からの情報使用―読解能力との関連から」『世界の日本語教育』11: pp.103–114.

イントロダクション

4章　海外の実践からヒントを得る

大島　弥生

▶ 海外の状況をヒントに言語表現能力育成のあり方を考える

1　海外の大学での実践の広がり

　海外の大学では、入学者の多様化を受けて、1年生、留学生、成人学生などのさまざまな対象への「大学での学習を支える言語表現能力の育成」がより統合的になされているケースが多い。日本語表現能力育成カリキュラムを考える上でも、欧・米・豪等における初年次教育(First Year Experience、FYEと略される)には参考になる点が多い。濱名(2003: 100)によれば、FYEとは、「高校からの円滑な移行をはかり、学習及び人格的な成長の実現にむけての大学での学習を"成功"させるべく、主に大学新入生を対象に総合的につくられた教育プログラム」であり、授業形態の「Freshman Seminar」のみならず、「生活体験を含めた学生生活全般にわたる体験を学習資源と想定している学習プログラム」(濱名 2003: 105)であるという。

2　初年次教育と日本語表現能力育成の関わり

　日本でも、大学初年次において、「日本語表現法」「言語表現」などの科目と並び、「基礎演習」「基礎セミナー」などの名称で、大学生活や大学での学習に備えさせる授業が広がってきている。このような初年次教育の中では、

大学とはどんなところかを知るほか、授業の受け方や友人とのネットワーク作りなど、大学生として必要と考えられるさまざまな態度の形成が促されるケースが多いようだ。

初年次教育の枠組みでは、学習技術、「知のスキル」と呼ばれる技能の養成が重視されている。具体的には、講義の聞き方、ノートのとり方、レポートの書き方や口頭発表のし方、情報検索のし方、考えのまとめ方などが含まれる。すでに各種の教材が公刊され、シラバスや教授法の公開も進んでいる。2008 年には、初年次教育学会が設立された。

また、日本でも大学入学者の多様化を受けて、大学での学習の開始を支えるためのリメディアル教育（高校までの学習内容の補習）も広まってきている。数学や物理等の補習に加え、日本語の語彙力、読解力、文章表現力などの訓練も進められている。2004 年には、日本リメディアル教育学会が発足した。

しかし、科目や教材の整備が進む中でも、海外の大学にあるような組織的な支援体制や機関の設置、授業内容のバリエーション、授業形態以外のプログラム作りなどは十分とはいえず、さらなる開発が必要と考えられる。

3　本章の概要

そこで、4 章では、海外における実践の中から得たヒントをまとめ、日本の現場への応用を考えてみた。大学生への支援策、支援の体制作りという面から、4 章 4 節、4 章 5 節では、オーストラリアで開かれた大学初年次教育についての大会から得られた示唆をまとめ、4 章 2 節では、米国の大学のライティング・センター訪問での気づきを報告している。

また、大学生に対する言語表現能力育成を考えるためには、より大きな枠組みで、書くこと、話すことの指導の可能性を検討する必要がある。4 章 1 節の報告は、米国の初等教育から高等教育にいたるライティング教育のあり方をダイナミックに記述したものであり、高等教育あるいは生涯教育にお

けるライティングの可能性について、示唆が大きい。4章3節では、米国でのピア・チュータリングの大会に参加した際の口頭発表スタイルのバリエーションについての気づきをもとに、教育手法の提案を行っている。

参考文献

大島弥生（2003）「日本語アカデミック・ライティング教育の可能性―日本語非母語・母語話者双方に資するものを目指して」『言語文化と日本語教育　2003年増刊特集号』: pp.198–224. お茶の水女子大学日本言語文化学研究会.

濱名篤（2003）「一年次教育の社会的背景と特徴―アメリカにおける学業継続率と動機づけ」『高等教育研究叢書』4: pp.99–121. 関西国際大学高等教育研究所.

山田礼子・杉谷祐美子(2008)「ラウンドテーブル 初年次教育の「今」を考える―2001年調査と2007年調査の比較を手がかりに」『大学教育学会誌』30(2): pp.83–87.

山田礼子(2012)『学士課程教育の質保証へむけて―学生調査と初年次教育からみえてきたもの』東信堂.

◎海外の実践からのヒント

4章1節　アメリカのライティング教育の1例：ニューヨーク周辺事情を中心に

加納　なおみ

▶ アメリカのライティング教育全般を概観し、その一貫性と多様性から、ライティング教育の社会的な機能と多彩な可能性を考える。

1　はじめに

　アメリカには、初等から高等教育機関にいたるまで、内容・レベル・教授法が異なるさまざまなプログラムがあり、ライティングの多様な可能性を生かした豊富な実践の蓄積がある。ここでは、ニューヨーク州周辺での実践を中心にその多彩なプログラムの一部を概観し、それぞれの分野の確立に貢献している背景について考察したうえで、ライティング教育の社会的な役割を考える。

2　義務教育前期：初等教育におけるライティング

2.1　「ランゲージ・アート」

　アメリカでは、日本の「国語」に相当する科目は「ランゲージ・アート」と呼ばれる。通常、小学校3年生でパラグラフ・ライティングが導入される。ランゲージ・アートでは、語彙やスペリングのワークシートは使うが、日本のような教科書は用いない。読解力の養成には、抜粋でなく必ず一冊の本を読み通し、さらにそれに基づいて自分の意見を文章化する。また、物語や小説を読んでレポートを書くだけでなく、自分や家族の体験、歴史につい

て書くことも多い。その際、写真や絵など、自分や家族の思い出となるものを使って説明したり、また祖先の話を家族から学ぶなど、子供の日常生活や、代々継承してきた家族の伝統を課題に無理なく結びつけ、肯定的な姿勢で取り組めるよう工夫されている。自分という存在、また自分と家族のたどってきた道すじは、この世に二つとないユニークなものである、ということを子供たちが実感できるよう、また互いに尊重しあえるよう、指導側は配慮している。

2.2 「プロジェクト学習」

　頻繁に課される教科ごとの「プロジェクト」では、読解・リサーチを経て、最終的にレポートを完成させる。プロジェクトは年に数回、ランゲージ・アート、社会科、理科で課される。通常、ひとつのプロジェクトは、3段階程度に分けられ、開始時にそれぞれの手順の詳細な説明と、課題ごとの締め切り、またレポートの推敲方法などが具体的に明記されたプリント類を渡される。生徒は「ルールに合意したら、締め切りを守り、最後まで責任を持って取り組むこと」などと書かれた誓約書にサインをして提出させられる。このとき、保護者も一緒に確認し、サインを求められる。大きなプロジェクトは完成に一ヶ月以上を要するので、保護者も進捗状況を把握しておく義務がある。

　ランゲージ・アートのプロジェクトでは、クラス全員が同じ本を読む場合もあるが、図書館司書から数冊の本についての解説を受け、自分で興味をもったものを選ぶ場合もある。教室での読書指導と宿題を通じ、一冊を読み通す。クラス内で複数のグループに分かれ、それぞれに読解力のレベルに応じた読書をすることもある。アメリカの読書指導は、抜粋でなく一冊の通読が基本である。通年で数冊読み通すが、その数は学年・学校の方針などにより異なる。前述のとおり、段階的に課題を完成していくプロセス・ライティングの手法が用いられ、最後に自分の意見をまとめたレポートを完成する。課題ごとの評価の基準はチェックリストつきで提出前に文書で渡される。

社会科・理科のプロジェクトでは、「事実」の扱いが中心となる。社会科では、文章だけでなく、図・表あるいは絵などのさまざまな資料を読み取り、ワークシートなどを完成しながら、テーマについて知識を増やし、段階的に理解を深める。レポートにまとめる際には、さらにリサーチを加えることもある。また内容や必要に応じて、ランゲージ・アートと共通テーマを据えたプロジェクトを行う方法もある。たとえば、社会科でアメリカの独立当時の歴史を学んでいるときには、ランゲージ・アートでも同時代を扱う作品を読むことで、視野を広げ、理解を深める。あるいは、社会科で個人のプロジェクトとしてレポートにまとめたテーマを、ランゲージ・アートでディベート仕立てでグループ発表することもある。理科でも、授業で学んだことにリサーチを加えたレポートを仕上げるプロジェクトが年に数回ある。

小学校からパソコンを利用したリサーチを含む課題が多く出されるため、引用の書式、文献リストの作成方法やその重要性をも学んでいる。レポートの長さは5パラグラフが多いが、アカデミック・ライティングの基本は小学校高学年の時点で学んでおり、体裁は、すでに大学生のレポートとほぼ同様のものとなる。次項では、ライティングが義務教育の試験制度のなかでどのように位置づけられているか考える。

3　義務教育後期：中学校から高校で

3.1　中等教育への移行期におけるライティング

アメリカでは州ごとに統一試験が行われる。たとえばニューヨーク州の場合、小学校4年生の終わりから統一試験が実施される。ニューヨーク州では小学校の教育課程が5年あるいは4年で終了するので、これは初等教育での到達度を見る試験となる。ランゲージ・アートと社会科で、全員にライティングが課されるため、その準備が学校ぐるみで行われ、ライティング力が弱い生徒には特別指導を行う学校もある。

統一試験の結果は、学校ごと、あるいは学区域ごとに公表され、比較さ

れるので、高いレベルを維持しようとする学校のESL(English as a Second Languageの略。英語を母国語としない人達のための英語教育を指す)は充実したプログラムを組んでいる。ESLに在籍期間中は、統一試験のランゲージ・アートの試験は基本的には免除されるが、通常どの生徒も、同一学区内で、中学校、高校へと進学するため、小学校のESLでもできるだけ早い段階で一冊の本を読み通す習慣をつけ、その後の教育に備えてから送り出す。

3.2　中等教育以降のライティング

　中学校以降は、読書量もさらに増え、プロジェクト形式から次第に読書やリサーチに基づくレポート、理科では実験レポートが増えていく。小学校から、段階を踏んだ具体的な指示に基づいてプロジェクトを進め、またレポートの書き方、推敲の仕方を繰り返し学ぶので、中学校までにその手順は身についており、基本的なリサーチやライティングのスキルも習得している。そこで、次第に、より「批判的」に読み、書く課題が加わってくる。「批判的な読み書き」と言っても、書かれた内容を批判する、という意味ではなく、「主張には、必ずそれを支える具体的な理由と根拠がある」ことを学ぶのが主眼となる。ランゲージ・アートを例にとると、自分が読んだ本のなかで、重要だと考えられる箇所をいくつも引用し、個々について具体的な意見、考えを書いてまとめる課題が頻繁に出されている。

　学校、学区によっては中学からライティング・センターが設けられている。ESLを出たばかりでライティング力が不十分な生徒が正規授業の一環として利用する場合もあれば、高校では空き時間を利用して誰でも利用できる場合もある(アメリカの中学・高校は選択科目が多いので、時間割もクラスでなく個人ベースで組まれている)。

　中学校・高校教育課程のいずれも、その最終学年までに州の統一試験が実施され、「ランゲージ・アート」、「社会科学」共に、複数のライティングが課される。ランゲージ・アートでは4種類の異なるスタイルを使い分けて書く、などかなり高度な課題が出されている。

また、大学入学統一試験(SAT – Scholastic Assessment Test の略)では、文学・歴史・時事問題などから具体例を引用し、共通の論題について自分の意見を述べるエッセーが必須になっている。採点基準は、SAT のホームページで公表されているので誰でも見ることができる。ここでも、多面的な思考とそれを支える適切な論拠を示した、「批判的な」ライティングが高い評価を得る。

このように、アメリカでは高等教育に移行するまでに必要となるライティングから逆算して、初等レベルからライティング教育が幅広く取り入れられており、学年が進むにつれ、リーディングとともに、ライティングの課題も高度化・複雑化し、多彩なものとなっていく。次項では、高等教育の現場について概観する。

4　高等教育におけるライティング

4.1　大学・学部レベルの必修ライティング

学部レベルではフレッシュマン・コンポジションが必修である。これは大学教育の根幹として、各大学において多くのスタッフを有している。オンラインでのサポート、ティーチング・アシスタントの活用、ライティング・センターとの連携など、あらゆるリソースを動員して学生のライティング力の底上げを図っている。また、書くためには、膨大なリーディングが課される。知識を単に吸収するだけでなく、自分の意見を確立し、批判的に書く力がつくように、異なる立場をとる学術論文や専門書を比較対照しながら幅広く読むようなシラバスが組まれている。

4.2　学生と大学が抱える問題

一般に、書く力が弱い学生は単位取得に困難を極める。試験を実施するコース以外では、通常中間・期末と大きなレポートが最低 2 つは課されるため、その時期になると、複数のレポートの締め切りが重なり、文字通り徹夜

の日々が続く。しかし眠らないのは学生だけではない。大学の図書館も真夜中まで開いており、学生のレポート作成をサポートしている。また、大学のライティング・センターだけでなく、個人指導などのビジネスも盛んである。

　外国人のためのESLライティング・プログラムだけでなく、英語を第一言語とする学生を対象としたリメディアルのためのライティングのコースを備える大学も増えている。アメリカでも大学進学者が増え、そのライティング力にはかなりのばらつきが出てきているため、大学入学統一試験（SAT）では、以前は選択だったエッセー・ライティングが2005年以降必須になった。産業構造の変化により、ライティング力がこれまで以上に重要視されているにもかかわらず、力の差がある学生を大学側が幅広く受け入れなければならない状況はアメリカも同様であり、現場の悩みは深化し、また多様化しているといえる。

4.3　日本人留学生が直面する問題

　ここで、日本人留学生に共通して見られる傾向を挙げておく。まず、①英語のライティング力不足である。留学生の試験で課されるTOEFLライティングをクリアしたレベルでは、入学後、求められるレベルのレポートを書くには不十分である。これは、言語のレベルに起因する問題によるものだけではなく、②批判的思考の訓練不足と深く関連している。批判的に読んだり、書いたりする練習を実質的にまったくしていない日本人留学生は、アメリカの大学のライティングでは評価の中心となる文献の批評や論証型のレポートを課された場合、一様に苦戦する。日本で経験のないタイプの課題を出されるため、何が要求されているのか、課題の意図が理解できないのである。これは、「書く」力以前の問題であり、ライティングの難易度が上がる中学、高校時に日本から移住してくる年少者にもあてはまる傾向である。また、たとえ親が高等教育を受けていても、日本とはライティングの位置づけ、社会的機能が異なるアメリカの教育システムを十分理解していないと、問題の深刻さが認識できず、対応が遅れがちになる。

また、③求められる具体性の範囲がつかめないという問題もある。レポート返却時のフィードバックには、「非論理的だ」という指摘でなく、むしろ、「もっと具体的に（"to be more specific"）」と書かれることが多い。しかし、日本語での許容範囲を基準にしがちなため、どの程度の説明、具体例を要求されているのか、なかなか理解できず、せっかくフィードバックをもらっても、自力では求められているレベルの改稿や修正ができない。これは、日本人を指導するにあたり、受け入れ側が十分な理解を備えていないために助長される傾向であることから、異文化間コミュニケーションにある程度つきものの一例とも言える。しかしながら、高等教育に進むにつれて、ライティングの比重が飛躍的に高まるアメリカの教育制度のなかで、上記①、②、③は、残念ながら多くの日本人学生が直面する共通の問題となっている。

これらの傾向は、日本語という言語そのものや、日本の英語教育だけに原因が求められるわけではなく、むしろ、そこには日本の言語教育全般の影響が反映されていると考えられる。

4.4 大学院のライティング

アメリカでは、プロフェッショナル・ライティングについてのトレーニングはすべて大学院が行う。日本のように専門学校や予備校に学生や社会人が通うのではなく、反対に大学の講座が社会人に開放されている場合が多い。大学に専門家が出向いて教えることもある。小説、詩、戯曲など文芸作家の養成を最終目的とするクリエイティブ・ライティング、ジャーナリズム（雑誌の記事を書く場合でも、アメリカではクリエイティブ・ライティングとは明確に区別されている）、ビジネス・ライティングなど、大きな大学では、およそライティングが必要とされる職業のすべてに対応するプログラムが用意されている。たとえば、上位校のクリエイティブ・ライティングのプログラムからは、そのままベストセラーが生まれることもある。

ここまでは、ライティングのスキルそのものを伸ばすことを目的とした教育について述べてきたが、アメリカでは、ライティングは認知能力の向上以

外の目的でも広く用いられている。次項では、その一部を紹介する。

5 「語り」の副次的産物を主目的とするライティング

5.1　癒しのセラピューティック・ライティング
　ライティングは医学・福祉関係でも多様な使われ方をしている。たとえば、日本でも試みられている「読み語り療法」は、アメリカの大学の医学部ではより広く取り入れられている。患者に心から向き合い、寄り添うことで痛みや苦しみ、不安などをことばとして引き出し、それを正確に書き出して分析する方法を学ぶ。このようなセラピー系のライティングコースは医療、福祉、カウンセリングを専攻する学生のために用意されており、そこでは、「書き方」に加え、「聴き方」「読みとり方」を学ぶ。これらは、「書くことを通じて語ること」のさまざまな効能を理解し、それを認知能力の向上以外に積極的に使おうという学問領域である。人間そのものを理解することが究極的な目的であるため、学際的なプログラムとしてとらえられており、指導者には医療関係者を越えて、人文系など他分野からの参加も目立つ。

5.2　人間関係の構築・強化のためのライティング
　大学院、社会人など成人が多い環境では、ライティングはスキルの習得だけでなく、人間関係の強化に積極的に使われている。大学では、学部におけるピア・チュータリングだけでなく、ピア同士によるフィードバックが日常的に行われている。親しいからピア活動がうまくいく、というより、ピア活動を継続的にしているうちに、信頼関係が生まれる、という図式が成り立つ。大学院でもゼミだけでなくピア・ライティング・グループを自主的に組織し、各自の論文執筆を様々な面から自主的にサポートし合う立ち上げる動きが頻繁に見られる。また、社会人の地域活動としてのライティング・グループには、クリエイティブ・ライティングの力を磨き、出版を目指して活動するグループもあれば、「書く」行為を通じてのセラピー的な面を重視す

るグループもある。後者では、ピアとしての誠意ある態度が、人間関係の構築に役立ち、互いの存在が「書き続ける」ための強い動機付けとなる。このような人間関係強化につながるライティングのピア活動では、まさに批判的であるがゆえに、真に有益な助言を相手に与えることができる。批判的に聴き、読む姿勢が、具体的なほめ言葉、アドバイスを生むため、大変意義のある活動ととらえられている。

6　義務教育・高等教育を通じた全体の特徴

　最後にアメリカのライティング教育全般の特徴をまとめ、その社会的な役割について考える。まず、初等レベルのライティング教育がどのように高等教育のライティングのための下地をつくり、発展していくのかを簡単にまとめる。

- 進級・進学・卒業・単位／学位取得に際し、ライティング力はしばしば決定的な役割を果たす。高等教育に移行するに従い、その比重は増していく。
- 大学進学率が高い学区では、初等教育から豊富な読書・リサーチに支えられたライティングを複数の科目(言語、社会科、理科)で課す。
- 初等教育から、「事実」と「意見」の区別を学ぶ。さらに「自分の意見」を明確にし、それを文章化する方法を学ぶ。
- 初等教育から、異なるジャンルのライティングを異なる科目・クラスを通じて習得していく。主に言語のクラスで「家族や自分の体験、気持ちを書く」「読んだ本に基づき、意見を述べる」、主に社会科・理科のクラスで「資料を読み取り、文章化する」、主に選択科目と言語のクラスで「詩やフィクションを書く」(主に選択科目)など、多様なライティングを学ぶ。これらを通じ、ジャンルの区別を自然に学び、それぞれに適した書き方を習得していく。
- 分野・目的による書き方のスタイルの違いは、初等教育から大学、大学

院までの高等教育を通じて一貫して確立している。
・学問領域は文系・理系でなく、「人文科学」「社会科学」「自然科学」の3つに大別され、各領域では異なる引用の書式を用いるが、パラグラフ・ライティングはすべての分野において共通の基本である。

　アメリカの教育には、日本のような国レベルでの統一カリキュラムがないため、たとえ物理的に隣接する学校でも、学区が異なると学習レベルに2学年ぐらいの開きがある、という事態も実は珍しくない。また一般に知られているように、郊外の中産階級が多く住む学区のレベルはおしなべて高いが、貧困層が集中する都市部では状況がまったく違う。本節では、義務教育におけるライティングのあり方を、ニューヨーク州郊外の学校の事情を中心に紹介した。

　ライティング教育には、お金と時間がかかる。そのため、暗記型では対応しきれない、ライティング重視の教育は、人的・物的リソース不足の底辺校の生徒にはより不利に働くと考えられている。従来、アメリカの「進んだ」ライティング教育の、いわば光の部分は日本にも紹介されてきた。しかし、現実では、学校単位、あるいはコミュニティ主導の多彩で野心的な挑戦があちこちで繰り広げられている。このようなライティング重視の教育システムの「陰」で努力する膨大な教育実践についても、紹介されることが望まれる。

　日本では、「よいアカデミック・ライティングとはどうあるべきか」という点でまだ合意が得られず、さまざまなタイプの授業が大学の文章表現や文章作成のコースにも混在している。アメリカの問題はそこにはない。「良いアカデミック・ライティング」の指導には、言語表現の洗練だけでなく、思考力を伸ばし、書き手と読み手のコミュニケーションを重視する姿勢が強く求められている。そして、この方向性について一定の社会的合意が広く形成されていることは、義務教育レベルの州の統一試験のライティング・大学入学統一試験(SAT)などが公表している評価基準、さらに大学・大学院の授業のシラバス、及びレポート等の評価基準からも伺い知ることができる。アメリカのライティング教育の問題の本質は、その「良いライティング」へのア

クセスが、富の偏在と比例するかのごとく、社会に偏在しているところにある。そういう意味で、実は日本の受験産業と、アメリカのライティング教育及びその周辺産業は、学歴社会を支えるという点で相似形をなしている。重要な違いは、アメリカでは主役は大学も含めてあくまで「学校」であるという点だ。地方分権型の教育制度を有するアメリカでは、地域の持つ教育力、リソースの多寡が、学区全体の教育レベルに決定的な影響を与えるため、居住地が学力・学歴の形成に直結しがちであり、特に義務教育段階の小・中学校及び高校を擁する「学区」「コミュニティ」が実質的で、大きな意味を持っているのである。

　ただし、ライティング人口が多いアメリカでは、学歴社会を生き抜くためにのみライティングが使われているわけではなく、前述のように、セラピーや人間関係の構築など、現代社会の問題に正面から取り組む際にも積極的、肯定的に活用されている。アメリカのように多様性のあるライティング教育が行われていると、理論・経験上の蓄積から、副次的産物をむしろ主たる目的とする新たなプログラムも生まれやすいということであろう。

　多民族を抱えた格差社会であるアメリカも、21世紀のリテラシー教育においては、豊富な積み重ねを持ちながら、さらに新たなあり方を模索し、苦闘している。その姿には、急速に変貌する日本の教育界が直面する苦悩が重なる部分も少なからずあるのではないだろうか。

参考文献

Andrew Domondon・吉岡友治(2007)　『TOEFL® テスト　ライティングの方法』実務教育出版.

Atwell, N. (1998) *In the Middle: New Understanding About Writing, Reading, and Learning* (Workshop Series). Boynton/Cook.

Barnett, R. W. and Blumner, J.S.(2001) *The Allyn and Bacon Guide to Writing Center: Theory and Practice.* Allyn and Bacon.

Bourdieu, P. (1982) *Language and Symbolic* Power. Harvard University Press.

Calkins, L. (1994) *The Art of Teaching Writing*. Heinemann.

Charon, R. (2001) Narrative Medicine: A Model for Empathy, Reflection, Profession, and Trust. *JAMA*. 286.pp.1987–1902.

Connor. U. (1996) Contrastive Rhetoric: Cross-cultural. Aspects of Second-language writing. New York: Cambridge University Press.

Elbow, P. (1998) *Writing with Power*. (2nd ed.). Oxford University Press.

Gee, J.P., C. Lankshear, and G. Hull. (1997) *The New Work Order: Behind the Language of the New Capitalism*. Westview Press.

Street, V. (1984) *Literacy in Theory and Practice*. Cambridge University Press.

Terego, A. L. (2005) *Essay Writing for High School Students* (1st ed.). Peterson's.

◎海外の実践からのヒント

4章2節　アメリカのライティング・センター

大島　弥生

▶ ライティング・センターによる書きの支援の仕組みと工夫を考える

1　ライティング・センターとは

　欧米の多くの大学には、学生のレポートや論文作成を支援するライティング・センターが置かれている。ライティング・センターの支援には、工夫がこらされていた[1]。それらは、今後ますます学生の多様化が予想される日本の大学での実践を考える上で、示唆に富むものであった。

　たとえば、ニュージャージー州のCentenary Collegeでは、訓練を受けた学生がライティング・センターのチューターとして非常に責任のある立場で携わっていた。チューターになる条件として、少なくとも1学期間、トレーニングのコースを受け（単位になるコース）、その訓練中にも少なくとも週3時間はチューターに無給で従事するという。聞き取り時の時給は8–10ドルで、経験によって異なり、少なくとも週に20時間以上従事するとのことだ。

　チューターリングは随時受けられ、予約もできる。ライティング・センターは立地条件が大切とのことで、みんなが通るところ（食堂の正面のガラス張りの部屋）にあり、入りやすい雰囲気で、PCのハブを設置して来室する用事ができやすいようにしてあった。

2　ライティング・センターでの指導・運営の工夫

　上述のセンターを含め、複数の関係者に尋ねたところ、実際の指導や運営に関して、以下のような工夫があった。
- 指導の流れは、Handbookや参考書に沿って行う。この方法は、訓練段階で詳しく習っていることである。
- 頻繁にチューターのミーティングを行う。問題が生じた際は、そこで相談し、この面談で解決を図る。
- 学生の作文にはチューターは書き込みをしない。成績については触れない。これなら合格だと請合わない。成績はどうだったかと聞かない。
- まずは学生に問いかけ、学生の考えをよく聞いて、学生の考えを引き出す。たくさん問いかける。チューター自身の考えを押しつけない。
- 専門科目の教師との連携や会議が必要。チューターがどこまでするか、どこからはしないかを明確にしておく。

また、以下のようなチューターになることのメリットも強調されていた。
- チューター自身の学びになる。チューターをすると、傾聴訓練になる。
- チューターになることで、学生自身が誇りに思う。
- 自己成長を語れるので、就職に有利。企業に評価されている。
- ライティング・センターの協会などでの発表の機会を与えられている。

3　日本の大学への導入

　日本の大学では、このようなシステムはまだ少ない。さきがけとして、早稲田大学国際教養学部の事例が佐渡島紗織氏によって報告されている。単に支援業務の一部を学生チューターにさせるというのではなく、チューターになった学部生や大学院生の職歴を積極的に作っていくキャリア育成の機能もある。今後の発展が期待される。

注

1 本コラムの情報は、2004年にアメリカCentenary CollegeおよびColumbia UniversityのTeachers collegeのライティング・センター、ピア・チュータリング大会参加者に対して行った聞き取りにもとづくもので、網羅的な調査によるものではない。

参考文献

佐渡島紗織(2005)「大学における「書くこと」の支援—早稲田大学国際教養学部における「ライティング・センター」の発足」『全国大学国語教育学会　国語科教育研究　第109回岐阜大会研究発表要旨集』: pp.193–196.

佐渡島沙織(2006)「早稲田大学国際教養学部に発足したライティング・センターの運営と指導」『早稲田大学国語教育研究』26: pp.82–94.

佐渡島沙織・冨永敦子・太田裕子・齋藤綾子・宮本明子(2012)「早稲田大学における学術的文章作成授業の成果：大学院生が個別指導するe-ラーニング初年次授業」『大学教育学会誌』34(1): pp.119–126.

◎海外の実践からのヒント

4章3節　多様なプレゼンテーションからのヒント

池田　玲子

▶多様なプレゼンテーション・スタイルについて考える

1　アカデミック場面で見られるプレゼンテーションの形式

　現在、日本の学会等のアカデミック場面で見られる発表形式には、主に「口頭発表」「ポスター発表」「パネル・ディスカッション」「ラウンドテーブル」「ワークショップ」などがある。

　まず、学会などでは「口頭発表」と「ポスター発表」は必ず設定される形式である。ポスター発表は筆者の記憶では、10数年前から見られるようになったものである。当時は模造紙に手描きで書かれたものも多くあった。現在ではワープロ原稿やグラフ、写真など狭い空間に発表の全体像が効率よく工夫され、提示されている。一方、ディスカッション要素を持った発表形式には、パネル・ディスカッションやラウンドテーブルといった形式がある。これらは、1つの大テーマを掲げた場において、数名の下位テーマを持つ発表者が机を並べて順に発表し、討論を行う。発表者同士の討論に加えて会場の参加者とのやり取りの場も設定されるのが特徴といえる。

　近年、アカデミック場面に限らず、さまざまな学びの場で頻繁に見かけるようになった形式に「ワークショップ」がある。ワークショップは参加型学習の1つであり、参加者が他者とともに体験する中で学ぶというところに特徴がある。ここでいう体験とは、作業や運動、議論など他者と関わるさまざ

まな行為を指す。しかし、ワークショップ自体が形式を限定するものではないのか、あるいはさまざまな分野で実施する場合の内容によって性質が大きく変わるためなのか、ワークショップには実に多様な姿がある。アカデミックな場でのワークショップについてあえて共通点として挙げるならば、講義・講演部分と活動体験や議論の場が含まれ、その場にいる参加者の全員参加を前提としている点であろう。

筆者の参加した教育系、心理系、ビジネス系、水産系などの学会では、上述のいくつかの発表のスタイルを見てきたが、日本の学術場面では、ワークショップを例外として、口頭発表、ポスター発表など上述した形式はどの分野でもほぼ共通のスタイルを持っているようである。

ところが、筆者が数年前に参加したアメリカの学会では、1つの分科会場内にいくつかの発表形式が混在し、しかも、1つの発表内にさえ、いくつかの形式が見られ、そのバリエーションの多さに非常に驚かされた。

2　口頭発表の多様な発表スタイル

筆者は、2005年11月アメリカのニュージャージー州で行われたアメリカNCPTW(National Conference on Peer Tutoring and Writing)に参加した。そこでのプレゼンテーション形式には、現在の日本の学会では見られないタイプをいくつか見ることができた。アメリカNCPTW研究発表の分科会の会場では、発表形式について事前に指定はなく、与えられた時間内で発表者自身が希望する形式で自由に行うことになっていた。通常、日本の学術発表の場では、発表形式は、決められた形式の中から本人が希望したり、会から指定されたりする。NCPTWでは自由な発表形式だったということに筆者が気づいたのは、学会終了後のことであった。

この学会で各発表に見られた独自の形式は、たとえば、前半は単独の口頭発表で、途中から聞き手側に活動参加を要求するもの、エピソード紹介を発表者グループの寸劇で見せるといったものなど、非常に多様であり、最初か

ら最後まで単に口頭発表だけを行うものはむしろ少なかった。

今回のNCPTWで見られた発表スタイルを以下に紹介する。

(1) 発表者の交替による複数の視点の明確化

口頭発表を複数で行う場合、日本では2名または数名の発表者が割り当てられた時間枠を分担するのが通常である。しかし、NCPTWの研究発表会で見たものの1つには、発表者数名がランダムに交替する形式のものがあった。そのときの発表者たちの立ち位置も、横並び、縦並びとさまざまであった。縦並びの場合、前の人から順に話し、自分の話が終わると列の後ろに回り、次の人が話し始めるというように、まるでダンスの舞台のような動きであった。

もちろん、こうした形式は発表内容との関係が考慮され、その情報伝達の効果を狙ったものであろう。たとえば、同じ事象や問題について、複数の視点から捉えられることを伝える場合、複数の発表者が違った視点からの意見を1つずつ担当するのである。コミュニケーション研究では情報伝達機能は、言語が伝える部分はわずか15％から45％で、残りの部分は、話し手のもつ姿、声質、表情等、無数の要素が担っているといわれている。だとすると、上述のようなスタイルは異なる視点の考えを異なる人物が担当することで、伝える情報の違いをより強調できることになる。内容を効果的に伝える工夫として、話す人物を工夫した形式だといえる。

(2) エピソードの再現劇

口頭発表の途中に発表者グループの数名による即興劇がはさまれたスタイルがある。筆者が見たものは、ライティング授業の中で起きるメンタルな問題を取り上げたものであった。発表の前半10分程度は1人が発表し、その後メンバー数名が椅子を持ち出し、前半の説明に出てきた自分たち（ライティング教師）の体験した教室場面を再現するというものであった。

こうした実体験を即興劇にし、会場の参加者と共有するという方法の発表を、最近、筆者はビジネス関係の研究会においても体験した。それは「プレイバック・シアター」[1]という独自の舞台劇で、もとはカウンセリングの分

野で考案されたもののようである。NCPTWで見た再現劇も、これと同じような機能をもつ表現方法であったと思われる。授業や学生の問題を抱える教師がその問題を説明した後に舞台で再現し、教師の心の中の悩みを聴衆とともに検討することを目的とした形式だったのであろう。

　このような形式は、日本の学術発表の場でも、上記のようなメンタルな問題や状況を対象とする場合の発表に有効であろう。学術発表の本来の目的からしても、会場の参加者との双方向的な理解、検討のためにこうした工夫が採用できるのではないか。

(3) 35分のワークショップの可能性

　通常、ワークショップには、1時間以上、あるいは数日にわたって行われる比較的長い発表の場というイメージがある。しかし、NCPTWの発表にはわずか、35分の時間枠内で、口頭発表、小グループでのディスカッション、最後に全体ディスカッションという流れをもつワークショップ形式のようなものがあった。

　そのときのテーマは第二言語学習者を含むライティング・クラスの指導のあり方で、発表者は大学で学部生にアカデミック・ライティングを指導する教師メンバー3名だった。参加者もまたライティング教師がほとんどだったが、中に数名のTA（ティーチング・アシスタント）も含まれていた。

　まず、最初に、発表者1名が自分の教育現場の背景を説明し、そこから問題提起を行った。ディスカッション課題（「留学生がアメリカのライティング授業で抱えている問題は何か」）の提示後、他のメンバー2名が会場へ入り、グループ編成を行った。この学会の参加者はこうしたスタイルには慣れていたようで、すぐにアメリカ人教師たちの活発な議論が始まった。10分程度のディスカッションの後、全体セッションとなり、各グループの報告が始まり、報告中も適宜、質問や意見交換が活発に行われた。そして、最後の5分程度で、最初の発表者とは別の1人が前へ出て、ここまでの意見交換を整理し終了した。

　短時間でこれだけの内容が展開し、しかも参加者の積極的参加を可能にす

る発表に、参加した筆者は非常に驚かされた。もちろんアメリカ人参加者の多くがこうした形式に慣れていたということもあるが、注目すべきは35分という短時間にこのような発表展開を計画し、実施できたということである。

　日本の学会では時折、筆者自身発表を聞いた直後でも、それがどのような内容だったのかを思い出せないというようなことが起こるが、上記のような工夫を凝らした参加型の発表は、会場にいる聴衆を単なる聞き手にしておくことがないため、そのようなことはまずないであろう。発表者から提起された問題を共有し、いつの間にか聞き手も発表者と対等な学びの主体となっていくような発表形式を日本の学術発表の場でもおおいに採用していくべきではないだろうか。そのためには、大学で行われている口頭発表の学習にこうしたワークショップ形式を取り入れることを検討する必要がある。

3　日本語表現法教育における口頭発表の学習の必要性

　筆者は、かつて担当した大学の日本語クラスで自己アピール活動を行った。そのときのオーストラリア人留学生によるスピーチが実に印象的だったのを今でも思い出す。一見活発な欧米系の学生に見える彼女は、実は、とても大人しく、控えめなタイプの学生だった。しかし、その活動での彼女のスピーチは、日ごろの様子から把握していた彼女の日本語よりもはるかに流暢で実に聞き手をひきつけるすばらしいものだった。彼女の話の中に、「私はオーストラリアでピアノとスピーチを習っています」という部分があり、私は思わず「スピーチを習っているの？学校で？」と質問してしまった。彼女は、「いいえ、学校ではなく塾です」と答えた。彼女が言うには、小さい頃から人見知りが激しく、声が小さくて人前で話すことを苦手とする彼女のことを母親が心配し、スピーチの塾に通わせることにしたのだという。

　残念ながら、私はこのときはこれ以上のことは聞き出せなかった。オーストラリアでは、学校で口頭表現に関する教育があるのか、このような表現に

関する塾というのは珍しくないのか、その塾では何をどのように学習するのか、どんな経歴の人が指導するのか、彼女は自身の生活上でそのことをどう感じているのかなど、聞いておけばよかったと思う。

　日本の大学においての文章作成や口頭発表の授業では、おそらく口頭発表については発表の計画の仕方、内容の配列方法、資料の作り方、効果的な提示方法などが指導項目としてあると思われる。しかし、これをもう一歩進めるならば、自分の発表内容や自分自身の特性を検討した上で、独自の効果的な発表スタイルを作っていく学習を入れることが重要になってくるのではないだろうか。表現学習が学習者個人にとってどのような意義をもつのか、発表の場では聞き手と発表者とがどう場を創っていくのかという視点を見直す必要があるように思われる。

4　まとめ

　現在、アカデミック場面には多様なプレゼンテーション形式があり、今後もますます開発されていくであろうという現実を考えると、プレゼンテーション教育では従来型の口頭発表形式に即したスキルの習得だけを目標とした指導では不十分ではないだろうか。口頭発表の学習課題は、①自分の伝えたいことをどのような表現スタイルで行うか、②発表の場を発表者と聞き手との双方向の検討の場とするための表現をどうしたらいいのかの2つであろう。これらの課題に対し、学生自身が自身の発表を発表内容と発表スタイルとを創造する能力を発達させていくことが目指されることになる。

　筆者自身もまだ海外の事例や国内の教育現場での指導がどのように行われているのかの調査をしたわけではないので、この分野の実態がどのようであるかは把握できていない。しかし、今後、ますますグローバル化が進む日本社会に生きていくためには、表現力は重要なものとなってくるはずである。したがって、大学での表現法教育の中に創造的な口頭発表教育を位置づけていくことは重要な点ではないだろうか。

注

1 プレイバック・シアター：アメリカのジョー・サラが考案した舞台形式。1984年にジョー・サラが来日し、紹介して以来、現在ではカウンセリング、集団心理療法、学校、企業内トレーニング、レクリエーションなどさまざまな領域で活用されている。一人の観客の悩みや問題を個人体験エピソードとして語ってもらい、それを役者たちがその場で即興劇にする。この劇を観客が見て、問題を共有しながらともに語り合うことで癒されるという効果を期待したものである。

参考文献

東海大学留学生教育センター口頭発表教材研究会(1995)『日本語・口頭発表と討論の技法——コミュニケーション・スピーチ・ディベートのために』東海大学出版会.

プリブル，C.B.・坂本正裕(2004)『現代プレゼンテーション正攻法』ナカニシヤ出版.

上村和美・内田充美(2005)『プラクティカル・プレゼンテーション』くろしお出版.

サラ，J.著(羽地朝和監訳　林亮子訳)(2003)『プレイバック・シアター　癒しの劇場』社会産業教育研究所.(Salas, J.1997. *Playback Theater*: Alexander Verlag Berlin.)

◉海外の実践からのヒント

4章4節　オーストラリアの初年次教育の現状

三宅　和子

▶学生の多様性に対応した大学の教職員や学生による実践例を紹介し、示唆を得る

　本節は、2004年7月にオーストラリア（以下豪州）で行われた第8回Pacific Rim Conference（First Year in Higher Education: Dealing with Diversity）で発表された実践例を参考に、豪州の初年次教育の実際を概観するものである。

1　大学の現状

　大学のユニバーサル化（高校卒業者の50パーセント以上が大学に進学する現象）が進行している豪州では、日本の大学にも忍び寄りつつあるさまざまな変化に直面しており、対応を迫られている状況にある。豪州の変化とそれに対する取り組みから日本が学ぶものは多い。

　豪州では、昨今の学生の特徴として（書物や文献から知識を得た世代とは異なり）、情報もコミュニケーションも電子機器に頼るIT世代であることが意識されている。またファースト・ジェネレーション（第一世代：家族の中で大学に行くのはその学生が初めてという世代）の増加も問題になっており、これまで当然とされてきた前提が学生に期待できなくなっている。ITの浸透はすなわち、これまでとは異なる知識やスキルの発達を意味するとともに、これまで高等教育機関で期待されてきた力や知識の欠如、生活形態の

変化をも意味する。また第一世代の出現は、家庭の経済的な基盤の弱さやアカデミック環境の不整備をも意味する。会議の会場校であったモナシュ大学を例にとれば、2004年の時点で63%の学生がアルバイト収入に頼っており、うち40%は週に16時間以上働いている。そして学生の40%は第一世代であるという。このような学生には、時間の使い方、自分で学習する方法、金銭的な問題への対処等のサポートが必要であると考えられている。学力の低下、学習意欲の希薄化など、日本と同様の現象が見られる一方で、豪州の社会背景を反映した問題として、民族・文化の多様化、働く学生の増加、学生の年齢層の幅がさらに広がっている現象などが見られる。

　豪州の初年次教育として特に目を引くのは、学生をどのような社会人として教育していくかが、極端な言い方をすれば、一国の死活問題として意識されており、その問題に大学全体で取り組んでいる大学があることではないかと思われる。また教育実践として、専任の教員よりも専任ではない非常勤やラーニング・センターなどの教員がそれを熱心に担っている傾向があること、さらに、職員がプランニングに深く関与して実践していること、教職員の連携が見られることなどがあげられよう。

2　オリエンテーション期間の拡大

　新入生の新しい学生生活へのスムーズな移行、学習効果の向上、リテンション（休退学せずに通学している状態）促進のためには、オリエンテーションが果たす役割が大きい。豪州やニュージーランドの大学でも、これまでは、オリエンテーションは入学直後の週に集中して行われていた。しかし近年、この方法の捉え直しや期間の拡大の試みが広がっている。

　たとえば、タスマニア大学の例では以下のような改革を行った。
①オリエンテーション週間に学生に与える膨大な情報を少なくし、入学前と入学後の1学期終了まで期間を広げて情報提供する。
②オリエンテーションの考え方を広げ、入学願書提出の9月ごろから入学後

の1学期全般を通して大学への適応や情報浸透を促す。
③パートタイマーの学生や入学手続きが遅れた学生、社会的に恵まれない学生のニーズに効果的な対応ができるようにする。

　大学のWebサイト（以下サイト）にオリエンテーションの情報、行事の通知、対面オリエンテーション行事に関する双方向データベースを用意している。また入学前の学生にも対応できるようにeメール・リストを作成し、サイトの重要情報の更新や行事直前の連絡などを配信している。さらに、紙媒体の情報配信量の削減やサイトの充実等の改善を行っている。

　また、調査の結果から、サイトのアクセス件数が対面オリエンテーション期間の前2ヶ月から最初の2週間に最も多いことや、その後も学期が終わるまで間断なく続くことがわかっている。オリエンテーション週間のみに情報を詰め込んでも消化不良を起こす恐れがあることや、サイトで少しずつ適宜示していく方式（点滴方式）の有効性が確認された。

　このほか、調査結果からは多くの学生が複数の媒体で情報を受け取ることを望んでいることがわかった。PC環境に恵まれない学生のことも考え、基本的な情報はインターネット以外に郵送を行い、学生がいくつかのソースから確実に情報を得られるように配慮している。

　日本の大学でも、オリエンテーションは数日間で膨大な資料を渡して行われる場合が多い。右も左もわからない入学直後の学生に、複雑な履修の仕方、単位の考え方、大学のシステム、奨学金、資格科目の種類と履修注意、時間割の作り方など、矢継ぎ早に説明しても、すぐに理解させるのは難しい。その上、学生にとっては、大学そのものに慣れる、顔見知りや友人を作る、有意義な大学生生活を送るためのサークルやアルバイトを見つける、といったさまざまな要件がこの時期に重なる。オリエンテーション概念を拡大し、入学前後のケアを充実させるという実践は大変参考になる。

　また、サイトやeメールのシステムの充実のほかに、紙媒体も用意する等、複数の接触方法による支援や、入学前から双方向のコミュニケーションを密に豊かにする方法の模索等、示唆されることは多い。

3 学習能力の向上をサポートする

　入学直後の学生には、大学で期待されていることや、期待に応えるには何をすべきなのかがわかりにくい。そのような学生が楽しく豊かな学習を始めるために必要な支援の例を2つ紹介する。

(1)　アカデミック支援コース

　オークランド工科大学(AUT)では、「学習育成センター」(Te Tari AWhina)で、以下のような9つの鍵となるアカデミック支援コースを無料で用意している。

　①スタディ・スキルズへの鍵
　②アカデミック・イングリッシュの成功への鍵
　③アカデミック・ライティングの成功への鍵
　④代数の成功への鍵
　⑤微分積分の成功への鍵
　⑥マイクロソフト・ワードを使いこなす鍵
　⑦マイクロソフト・パワーポイントを使いこなす鍵
　⑧口頭発表を成功させる鍵
　⑨大学院におけるライティングを成功させる鍵

　これは、学生自身が必要と思うコースが自由に受けられるシステムで、教職員の無償の協力のもとに運営されている。2001年度当初、履修生905人だったコースが、2003年度には2218名にも膨らんだ。各コースは8時間の対面の導入教育、その後42時間の実験、学習相談、対面教育、自律学習などから成っている。このコースは、入学後の学習成果を高めるとともに、そこで大学の教職員とのつながりを築くことが重視されており、その後の大学生活で他の学習に関する援助を得たいとき容易に相談できる体制を作りあげている。

(2)　高等教育への移行支援プログラム

　もう1つの例は、メルボルン大学で行われている科学関係のスタディ・グ

ループの組織化であり、初年次の学生が高等教育へうまく移行できるよう支援している。「科学101移行期プログラム」と呼ばれるこの試みは2000年度から開始された。選択であるにもかかわらず、2004年には初年次学生の79%が履修するまでに発展した。プログラムの目的は以下のとおりである。

①新入生に初年次の科学関連科目を学ぶための基礎スキルを与える
②初年次に落ちこぼれる学生の数を減らす
③新入生に他の学生や科学分野の教員とのつながりを早期に持たせる
④学生に支援体制を知らせ、必要なときに支援が得られるようにする

「科学101移行期プログラム」では、学生の興味を喚起するため、入学時の歓迎会でのプレゼンテーション、サイト、オリエンテーションでのスライドを使っての説明などを行っている。第2–3週目でセッションを組み、第3週目にスタディ・グループ（13名上限）を形成する。全部で100種の科学科目が登録され、授業の一環として位置づけられている。問題がありそうな学生には、学部長から激励の手紙が届くなど、全学的な取り組みをしている。本プロジェクトがうまく機能するため、次のことに注意が払われている。

① 学生と教職員のつながりの奨励
② 学生間の協力の奨励
③ 生き生きとした学習の奨励
④ 速やかなフィードバックの提供
⑤ やらなければならないことに時間と労力を使うことの強調
⑥ 学生に高い期待を寄せていることを知らせる
⑦ 多様な才能と学習スタイルの尊重

以上の2例から学べることは、大学の全学的支援と教員と職員の連携である。両者が連携の大切さを自覚していることとともに、学生のリテンション問題や学力問題が深刻であることがうかがわれる。大学の初年次教育は、大学の特徴（校風、規模や分野構成の特徴、学生のレベルや種類など）によって異なりがあるが、学生に高学力を期待できない大学でも、大学全体が梃子入れをし、組織的に学生を刺激する、伸ばす、という地道な活動が良好な結果

をもたらすことが示されているといえよう。日本の大学でもこのような協働活動が早期に実現されることを期待したい。

4　学生自身の初年次教育へ参加

　ここでは、学生による初年次・導入教育のプロジェクト例を紹介する。
(1)　学生による移行期の学生対象の支援サイト
　移行期の学生を援助するWebサイトは多数あるが、アデレード大学がユニークなのは、学生が製作したものであるということだ。LTDU(The Learning and Teaching Development Unit)が大学の内部資金援助を獲得し、社会文化的背景が多様な6人の大学生が作成に参加して、大学のものとは内容も趣向も異なるオリエンテーション・サイトを開設した。ブレーン・ストーミングやディスカッションを繰り返し、近隣の中学校への調査、大学に興味をもつ高校生の発掘なども行った。学生は全員ホームページ作成ソフトに習熟するための指導や情報支援課のテクニカルなサポートを受け、サイトを完成させた。サイトには情報入手に便利なリンクを多数張り、実際の学生の移行期の経験や体験談、大学の勉学及び社会的生活の実際、大学でサポートが得られる場所の情報、専門用語の解説、経済的な情報、遊び情報などが豊富に盛り込まれており、大学当局のものとは異なる、若さと遊び心に溢れた新入生の関心を引く内容になっている。
　さらに、サイトに入ってくる人を「Who are you?」のところで分け、相手の必要に応じて適切なコーナーへ行けるようにしたり、サイトを見た学生のフィードバックを反映し、情報を加えたりする工夫も行っている
　教師と学生が協力し、入学してくる学生にとって面白く重要な情報とは何かを考えながらサイトを作り上げていく作業はすばらしい。大学が有償で学生を募集することによって動機を高め、多様な背景を持つ優秀な学生が参加した点が成功の鍵となったようだ。ホームページ作成の技術を学ぶなど、プロジェクト推進自体が自らの学習につながっていたこと、その結果、内外の

学生や高校生にとって楽しく役に立つ作品となったことは教育的に意義深い。

(2) 相互理解と多様性の尊重を目指す学生によるプロジェクト

　もう1つの例は、サザンクロス大学で行われているStudent Talk: Cultural Diversity at Southern Cross Universityプロジェクトである。豪州の大学では、さまざまな民族と文化、多様な背景を持った学生が学んでいる。お互いについて知ることで理解と多様性を重んじる教育を展開することが望まれる。このプロジェクトは、CD-ROMと冊子、ディスカッション・リストを持つサイトから成り、その作成には15名の多様な背景を持つ学生が担当した。たとえばYour View of Perfect Universityのセクションでは、多様な背景を持つ25–30人の学生たちがそれぞれの抱く理想の大学について語っている。学生の社会的背景は、孫がいる年配の女性、スキンヘッド、目の不自由な人、ゲイ・レスビアン、留学生、原住民系学生、耳の不自由な人など多様であり、これらの個人的背景がもたらす困難さが、喜びや楽しみにつながりうるものであることを訴える内容になっている。

　初年次教育では学生にどのように興味を持たせられるか、学習の動機付けを高められるかが大切である。筆者自身は、その目的のために、やりがいのあるタスクを与えて「学生を動かす」「学生にやる気を出させる」「人と協力して何かを達成することの楽しさを味わわせる」「自分が行っていることが他の人に役立つことを実感させる」といった活動をしたいと考えている。SCUのCD作りは、このような希望を全部含んだ内容になっている。その上、豪州の多民族・多文化性を利用し、社会のさまざまな局面に目を開く機会を与えてくれている。入学を考えている学生に対するサービスとしても、大学の広報のし方としても有益だといえよう。

　以上、豪州の大学での実践例を示したが、これらは日本の大学でも進められるべき学生支援の計画に資するものであると考える。

◎海外の実践からのヒント

4章5節　オーストラリアの初年次教育での改革例

三宅　和子

▶ 大学生の多様性に対応した初年次向けカリキュラム改革例とその効果から示唆を得る

　本節は、2004年7月にオーストラリア（以下豪州）で行われた第8回Pacific Rim Conference（First Year in Higher Education: Dealing with Diversity）でのサリー・キフト（Sally Kift 豪州）氏の基調講演を参考に、筆者の情報を加えてまとめたものである。豪州の初年次教育について概観と、キフト氏の勤務校であり、初年次教育の先駆的試みを実施している大学の1つであるクイーンズランド工科大学の取り組みを紹介する。

1　大学の教員が直面している問題

　現代の大学教員が直面している問題として以下をあげることができる。
　①大学生の増加、リソースの不足、極度に多様な学生（人数や学力）
　②大学教育の変化（教師の影響力減少、教育機関の意向増加）
　③新しい教育、研究、業務のニーズに対応しない教員
　また、特に初年次のリテンション率（休退学せずに通学している学生の割合）と卒業にいたる成功率に複雑な関係がある。成功を導くには、上記の問題を踏まえ、初年次から教員による学生への積極的関与が必要である。

2　ひと昔前の大学

　学生が大学入学後に直面する問題を、キフト氏が学生であった 70–80 年代の例で考えてみる。ひと握りの学生が大学に行く時代に優秀な学生であったキフト氏にも、さまざまな問題があった。学業生活の面では、自分の勉学の方向性や目的が明確ではなかったこと、また、知識の構造や個々の知識を関連させることが大切なのに、知識の有無や量にこだわっていたことである。また、アカデミック場面のスキルがなく、必要な場所へ行く道を見つけるまで数ヶ月かかった。そして、学問にはそれぞれ専門性があるという考え方が欠如していた。事務的な面では、大学の手続きや教育の間に関連があるという認識がなく、なにもかも混乱することばかりだったという。

3　現代の大学生に見られる多様性

　さて、誰でも気軽に大学に行けるようになった今、大学は社会変化を反映して、次のような現代的問題を浮き彫りにしつつあるといえよう。
・大学に行くのは外部的な欲求からである(たとえば両親の希望など)。
・自分の選んだ専門でよかったのか疑問に思っている
・自分が最も希望していた大学やコースでないことが多い
・オンライン学習等が盛んになり、キャンパス内での時間が減少した
・一般通学生はキャンパスで興味を共有する仲間を作るのが難しい
・大人数クラス、教師１人が受け持つ学生数の増加(教師・学生比の劣化)、パートタイム学習の増加等で、教員と学生の接触が減少している
・学習コミュニティにおける仲間同士の触れ合いの機会が皆無、もしくは極端に減少している
・学生のやる気を高めるには、初年次の質のよい教育が必須であるにもかかわらず、そのような教育が提供されていないことが多い
・オリエンテーションで多量に情報を提供することで、個々の学生に大学

や他の学生からの乖離や疎外感を与えている

このほか、現代の大学には、社会経済的背景の異なりが激しく、地方や人里離れた所からやって来る学生、非英語圏からの学生、障害者、高等教育があまり浸透していない地域からの女性、先住民など、多様な背景を持った学生が混在している。また、「1.5ジェネレーション」といわれる、中等教育レベルで外国から入学してくる学生で、表面的な会話程度では母語話者と変わらないように見えながら、書きことばでは困難を克服しておらず、ホスト国の文化的歴史的な理解が足りないために苦労しているグループも出現している。

4　初年次向けカリキュラム改革例

今、初年次教育に求められていることは、これまでの失敗や成功を反芻し、主体的・革新的な変革に取り組むことである。そのためには、以下の2つの考え方を持つことが重要である。

①有意義な大学経験を重ねるためには、学生自身がやる気を持たなければならない

②大学の初年次には社会的、学問的移行期に特有のニーズがある

以下、キフト氏が指揮するクイーンズランド工科大学(Queensland University of Technology, 以下QUT)の実践を紹介する。

(1)　教育機関全体としてのストラテジー：QUT全学における学習と教育開発助成計画

1992年から800万ドルがこの計画に組み込まれており、大学をあげて初年次教育を支援することになった。たとえば「QUT学生ポートフォリオ」プロジェクトは、電子媒体を使い、学生が自らのさまざまな活動(学習、仕事、その他の経験など)を報告、管理しておくものである。後に学生が仕事の改良や将来の就職活動に役立てられるようになっている。

(2) 教学ストラテジー

教育の質の保証や教育方針の進化を期し、カジュアル・セッショナル教員（補助教員）の訓練や援助を行い、学問的な教育と教育奨学金で動機付けをしている。入学直後のオリエンテーション週間の情報が本当に学生に有益なのかを検証しつつ提示している。

(3) 授業ストラテジー

初年次学生のための相談時間を特別に用意したり、e メールで相談を受け付けたりしている。アカデミック・アドバイザーも用意している。さらに、学生の動機を高める支援の一環として、毎週、副学部長からのメールが個々の学生宛に届くようになっている。

(4) 単位ストラテジー

評価の基準、特に習得すべきスキルの説明を明確にし、各評価内容を説明している。

(5) 教師のストラテジー

学生と教師間のバリアーを取り除く努力をし、人間的な授業、そして気軽に話したり相談したりできる教師を目指している。また、理論に支えられた授業実践を発表し、周辺の教育者を刺激することにより、初年次教育の意義を浸透させようとしている。

5　初年次教育カリキュラム改革の効果

QUT は 2000 年度から初年次教育カリキュラムの改革を始めた。その改革授業例として、LIM（Legal Institutions and Method）を紹介する。この授業は 700 人が履修する教科だが、学期中に出される 3 回の評価の最初のフィードバックは第 3 週目に返される。またレポートのピア評価も導入しているほか、自分で構造化した自己評価ができるような指導も行われている。7 週目にはスタディガイドに記載されている評価基準を参考にしながら自己評価を行うが、その次の週には、自己評価に対するフィードバックを教師から受

け取ることができる。

　このような改革は学生からおおむね高い評価を受け、学生のスキル向上に貢献している。2003年度には初年次学生全員に教育内容に関する評価調査を行ったが、改革が効果をあげていることを示す結果となっている。

6　おわりに

　現在のQUTによるカリキュラム改革は、学生の意欲とスキルの向上に寄与することができている。このほかに考えられる改革としては、大学での教学的指導とともに、学外での学習に対しても配慮する指導が考えられる。

　現代の大学にはひと昔前とは異なる学生が来ていることを私たちは肝に銘じなければならない。このような状況の中での大学のカリキュラムは、あまり優秀ではない学生の知識と経験を結びつける接着剤の役割を果たさなければならない。学生が知識を効果的に運用することを助ける鍵は、そこにあると考えられる。

◎海外の実践からのヒント

4章6節　イギリスの初年次教育

三宅　和子

▶ 多様性は教育の「問題」なのか「機会」なのかを考える

　本節は、「高等教育機関における初年次教育：多様性への対応」(First Year in Higher Education: Dealing with Diversity)をテーマに、2004年にオーストラリアで行われた第8回環太平洋会議(Pacific Rim Conference)でのビル・ジョンストソン(Bill Johnston)氏の招待講演を参考に、筆者の情報を加えてまとめたものである。イギリスの初年次教育の専門家としての発言は、日本の教育を考えるうえで参考になる。

1　イギリスの現状

　イギリスの大学で起こってきた大きな変化は、次の3つに集約される。
　まず、大学生活の変化がある。80年代における大学の性格と、社会における大学の位置づけの変化とともに学生の生活も様変わりした。現在では、ひと握りの学生ではなく、多くの学生が職を持ちながら勉強している。
　次に、新しい教育観への移行がみられる。すなわち、従来の大学は「意味の伝達」を目的とする場であるという考えがあったが、今日では、積極的な「意味の構築」をする場であるという考え方へ変化しつつある。
　最後に、リテンションの必要性である。リテンションとは、「維持」「停留」と一般に訳されるが、高等教育の文脈においては、学生が休学や退学をせずに大学に通っている状態をいう。欧米においては、大学を中退するケー

スが増加しており、この表現が頻用されるようになった背景となっている。休退学をせずに在籍し、無事卒業することにより、安定した雇用を生み出すという、社会組織の中での大学の役割を意識した考え方が必要になってきている。

大学の初年次教育にかかわる3要素は、Johnston氏によると、図1のようになる。

```
                    リテンション
                    卒業率を高める
                (Retention Completion)

              大学の初年次教育
              接近 + 質 + 卒業
          (First Year in Higher Education)
          (Access + Quality + Completion)

    進歩・発展を生む              多様性・独創性を生む
  (Progress Development)       (Diversity Creativity)
```

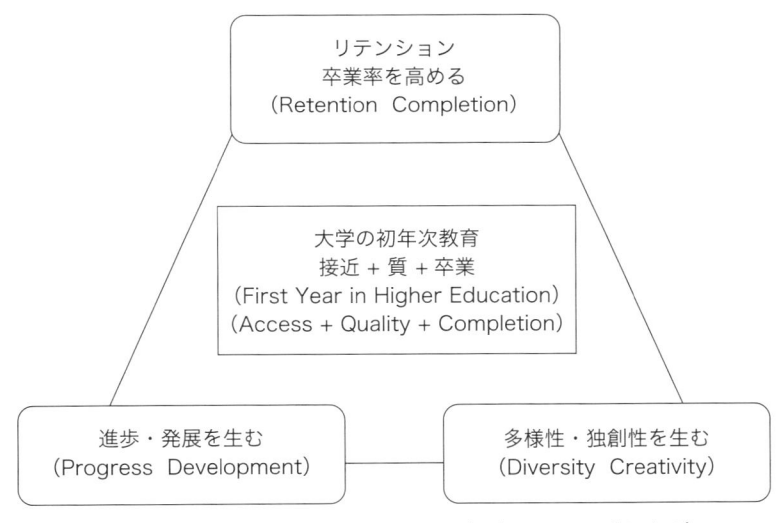

図1　大学の初年次教育にかかわる3要素（Johnston氏による）
（An uneasy triangle of Trade offs）

2　多様性を「問題」ととらえるか、「機会」と考えるか

大学ではファースト・ジェネレーション（第一世代）学生が増えている。家族の中で大学に行くのはその学生が初めてという世代をさす。大学へ行くことが一般化すると、両親が大学に行っていない家庭の子供も大学に通うようになる。それに伴い、これまで意識されなかった問題が浮上してきている。多様性は、この他に移民や出稼ぎの子弟が大学での民族グループを構成する

ようになったことからも生まれる。性差に関する考え方にも変化がある。豪州では原住民の子弟が大学へ行くケースも増加している。このように、大学が前提としてきた比較的均一な学生とは異なる、多様な価値観、多様な人間が大学に籍を置くようになった。これを「問題」とするか、相互理解や成長を促す「機会」と考えるかにより教育へのアプローチが変わってくる。

3　初年次教育に必要なフレームワーク

　初年次教育の役割をキーワードで示すと、Orientation（方向付け）、Introduction（導入）、Adjustment（適応）ということになろう。まず、大学に入学してきた学生に対して、大学環境における勉強と将来に対するさまざまな方向付けを行う必要がある。そして、その方向にある学問体系や研究方法の導入を行う必要がある。さらに、学生が大学生活に適応するのをサポートする役割をも担う必要がある。

　また、将来の就職に対する認識を持たせ、リテンションを高め、満足感が得られるようなコースをデザインすること、さらには教育、学習、評価の質を変化させ、高めていくことが必要である。

索　引

C
CD-ROM　　248

E
ESL (English as a Second Language)　　223, 225
e ラーニング　　96, 97, 125

F
First Year Experience (FYE)　　217
Freshman Seminar　　217

I
IT 環境　　16, 108

N
NCPTW (National Conference on Peer Tutoring and Writing)　　236

P
Pacific Rim Conference　　242
PC リテラシー　　125

S
SAT (Scholastic Assessment Test)　　224, 225, 229
SNS (Social Networking Service)　　125, 126

W
Web（サイト）　　125, 244, 247

あ
アウトライン　　48, 104
アウトライン時のピア活動　　88
アカデミック・アドバイザー　　252
アカデミック・ライティング　　154, 180, 193, 229, 238, 245
アカデミック支援コース　　245
アカデミックなレポート　　72, 74
アジアの文化　　33
アメリカのライティング教育　　220
アンケート　　24, 52, 177, 196

い
意見交換／意見の交換　　83, 125, 132
イギリスの初年次教育　　254
意見提供　　89
移行（教育）　　102, 217, 243
移行支援　　245, 247
1.5 ジェネレーション　　251
意味の構築　　254
意味の伝達　　254
医療者　　69
インフォメーション・ギャップ　　119
引用　　211, 222, 224, 229

え
エッセー・ライティング　　225
エピソード　　236
演習（ゼミ）　　140

お
オーストラリアの初年次教育　　242, 249
オリエンテーション　　243, 246, 250, 252
オンライン学習　　250

か
会場設営　　62
「解説型」ライティング　　184
階層構造　　156
概論科目　　105
書き方のスキル学習　　96
学習環境　　15
学習技術（スタディ・スキルズ）　　96, 107, 218, 245

学習共同体づくり／学習コミュニティ作り　13, 101, 102, 137, 149, 250
学習サポート　23
学習条件　15
学習スタイル　246
学生の構成　16
カジュアル・セッショナル教員(補助教員)　252
箇条書き　153
課題遂行　206
課題遂行型授業　111
学校教育　196
科目間のリンク　104
カリキュラム　12, 96, 97, 249
関係性　68, 70
関係性の再考　2
看護学部　68
看護記録　70, 79

き
聞き手の立場　56
聞き手の役割　60
起承転結　197
基礎科目　105
基礎教育　103
基礎ゼミナール／基礎演習　99, 105, 217
期待　15
技能統合　96
規範　196, 206
キャリア教育　103, 165, 178
教員の協働　92
教学ストラテジー　252
教室の学習環境　16
教師添削　33, 105
教師のストラテジー　252
教職員(教員と職員)の連携　243, 246
協働　27
協同学習　30
協働活動(ピア活動)　35, 44, 56, 70, 82, 87, 187, 228

協働作文学習　19
協働的アプローチ　3, 19, 27
京都精華大学　23, 45, 55
教養教育　102

く
クラスの運営形態　16
クラスのサイズ　16
クリエイティブ・ライティング　226, 227
グループ　206

け
掲示板(コミュニティ)　126, 132, 149
携帯電話　139
言語技術教育　98
言語技能　181
言語技能統合型レッスン　183
言語表現(教育)　139, 217
言語表現能力育成に関する科目　3
限定　192

こ
5パラグラフ(のレポート)　187, 222
語彙情報のやり取り　89
合意形成　207
高コンテキスト　202
高知大学　55
高等教育におけるライティング　224
口頭テスト　175, 177
口頭発表　56, 143, 153, 235
コース評価　24
ことば志向　101
コミュニケーション意識化　201
コミュニケーション行為としての作文学習　33
コミュニケーション能力　201
コミュニティ　101, 149
コミュニティ志向　101
コメント交換　132
コメント・シート／コメント用紙　62, 145

索　引　259

根拠　184
コンテキスト　204
コンピュータ・リテラシー（PC リテラシー）　107, 125

さ
再現劇　237
再生　38, 48, 88
作文指導　33
参加型授業　111
参加型学習　123
三段論法　197

し
私語　118, 121
自己チェック　114
自然データ　143
質疑応答　63
実験レポート　223
実習のレポート　76
質問　49, 50, 105
実用文書　68, 70, 72
社会人基礎力　201
社会文化的知識　168
社会文化能力　167
ジャーナリズム　226
ジャンル　13, 228
就職活動　167, 204
就職基礎能力　201
就職指導　167
授業改善のサイクル　24
授業時間　16
授業ストラテジー　252
授業デザインの手順　11
授業の目標　17
授業評価　24
授業をデザインする　2, 95
主張　184, 189
主張＋根拠型パラグラフ　183, 188, 192
主張・理由・証拠　189
出席率　148
紹介文　196, 198

証拠　185, 189
情報関連科目　107
情報提供型口頭発表　153, 164
小論文　43, 75, 113, 122, 196
職員　243
初等教育におけるライティング　220
初年次教育　102, 217, 242, 249, 254
初年次の科目　55
序破急　197
調べ学習　171, 177, 178

す
推敲　20, 22, 105
スタディ・グループ　245
スピーチ　239
寸劇　237

せ
セラピューティック・ライティング　227
潜括型　197
専門科目　105
専門科目の教員　92
専門教育　103, 109, 139

そ
即興劇　237

た
大学授業での「協働活動」　32
大学入学統一試験(SAT)　224, 225, 229
大学のユニバーサル化　242
大教室授業　112
対照談話（構成）研究　196, 199
対人援助職　68, 70
対面補強型 e ラーニング　126
他者の説得を志向　102
多人数授業　112
多様性　255
単位ストラテジー　252
段落　181
談話教育　197
談話構成　196, 206

ち

チーム・ティーチング　92
知識構成型ライティング　97
知識叙述型ライティング　97
知識の合意形成　208
知識の構造化　96, 97
「知のスキル」　218
中括型　197
中心段(落)　196
チューター　23, 232
中等教育におけるライティング　222
長期プロセス型　20
調査・分析　141

つ

「つぶやき」欄　117
つまずき　52

て

ティーチング・アシスタント(TA)　23, 45, 111, 118, 125, 224, 238
低コンテキスト　202
提出用シート　24
手紙　71, 73
点検　49, 50, 104, 105
添削　20, 22

と

統一試験　222, 229
頭括型　197
統合　19
統合的アプローチ　3, 95
統合的技能の指導　96
導入教育　102
読書レポート　72, 77, 223
トライ&エラー型課題　115

な

内面の掘り下げを志向　102
内容志向　101

に

ニーズ　15

日本語学　139
日本語表現／日本語表現法(の関連科目)　34, 95, 96, 98, 106, 217, 239
日本社会　167
日本リメディアル教育学会　218

ね

ネットワーク　125

は

バズ学習　31
発表者・聴衆間の協働学習　56, 60
発表準備　58
発表の場　56, 240
話し合いの主導権　88
パネル・ディスカッション　235
パラグラフ　181
パラグラフ・ライティング　49, 104, 180

ひ

ピア・カウンセリング　69
ピア・チュータリング　227, 234
ピア・ラーニング　30
ピア・ライティング・グループ　227
ピア・レスポンス(協働推敲)　19, 33, 35, 82, 105
ピア活動　35, 68, 70, 87, 187, 228
東アジアの学習者　33
尾括型　197
ビジネス　168
ビジネス・ライティング　180, 193, 226
ビジネス能力検定　165
批判的思考　82, 180, 225
批判的読解　114
批判的な読み書き　223
批判的なライティング　224
評価観点　50
評価方法　18

ふ

ファースト・ジェネレーション(第一世代)　242, 255

索　引　261

フィードバック　24
複数ジャンル型　20
ブック・トーク　211
ブック・レポート　153, 155, 164, 212
プレイバック・シアター　237, 241
プレゼンテーション　235
フレッシュマン・セミナー　111
プロジェクト学習　221
プロセス・アプローチ　35, 43, 125
プロセス・ライティング　36, 221
プロセスをデザインする　20
プロフィール　127
プロフェッショナル・ライティング　226
分括型　197
文章修正課題　121

ほ
報告書　139, 141
ポートフォリオ　251
ポスター発表　235

み
見出し　156

め
メール　71, 74
面接　172, 175

も
目標規定文　47, 127, 130, 134, 135, 136

や
役割分担　92
やり取りの分析　82

ゆ
融合型　20

よ
要約　211
読み語り療法　227
読み手意識　70, 71, 72, 74
4技能　95, 183

ら
ラーニング・センター　243
ライティング・グループ　227
ライティング・センター　223, 224, 225, 232
ラウンドテーブル　235
ランゲージ・アート　220

り
リサーチ　222
リソース　17, 109
リテンション　243, 246, 254
リテンション率　249
リメディアル（補習）教育　99, 218, 225
理由　185, 189
留学生　87, 153, 167, 211
留学生と日本人学生のピア活動　87
両括型　197
履歴書　173

れ
レジュメ　153
レディネス　14
レポート　43, 104, 111, 142, 232

ろ
論証　44, 105
論証型のレポート　44, 49
論証型パラグラフ・ライティング　180, 191
「論証型」ライティング　184
論証志向型パラグラフ・ライティング　183
論題　53
論理構成　196
論理性　196, 199
論理的思考　154
論理的談話構成　196

わ
早稲田大学　23, 233
ワークショップ　141, 238

執筆者紹介 （論文掲載順 ＊は編者）

＊**大島弥生**(おおしま　やよい)　東京海洋大学海洋科学部准教授
　　お茶の水女子大学大学院修士課程人文科学研究科日本言語文化専攻修了。博士（人文科学）。1989年より日本語教育に従事、日本語学校、香港大学等を経て、2005年より現職。専門は日本語教育。「大学初年次日本語表現科目でのライティングコースの設計」『アカデミック・ジャパニーズの挑戦』(ひつじ書房　2006)

池田玲子(いけだ　れいこ)　東京海洋大学海洋科学部教授
　　お茶の水女子大学大学院博士後期課程人間文化研究科比較文化学専攻修了。博士（人文科学）。1992年より日本語教育に従事、拓殖大学日本語センター、お茶の水女子大学を経て、2004年より現職。専門は日本語教育。『ピア・ラーニング入門　創造的学びのデザインのために』(共著　ひつじ書房　2007)

＊**岩田夏穂**(いわた　なつほ)　大月市立大月短期大学准教授
　　お茶の水女子大学大学院博士後期課程人間文化研究科国際日本学専攻修了。博士（人文科学）。1998年より日本語教育に従事、東京海洋大学、日本大学等を経て、2010年より現職。専門は日本語教育。「共生日本語教育実習における実習生と母語話者・非母語話者参加者の会話参加の様相」『共生日本語教育学　多言語多文化共生社会のために』(雄松堂出版　2007)

三原祥子(みはら　なかこ)　東京女子医科大学医学部日本語学研究室講師
　　学習院大学人文科学研究科日本語日本文学専攻博士前期課程修了。1994年より日本語教育に従事、日本語学校、在エジプト日本国大使館広報文化センター日本語講座、学習院女子大学等を経て、2008年より現職。専門は日本語教育、コミュニケーション教育。「書く力を育てる　ピア・レスポンスを取り入れた指導」『看護展望30(12)』(メヂカルフレンド社　2005)

小笠恵美子(おがさ　えみこ)　東海大学留学生教育センター非常勤講師
　　お茶の水女子大学大学院修士課程人文科学研究科日本言語文化専攻修了。1997年より日本語教育に従事。2001年より現職。専門は日本語教育。「大学授業でのグループによるレポート作成において何が行われているか」共著『大学での学習を支える日本語表現能力育成カリキュラムの開発　統合・協働的アプローチ』(科研費報告書　2006)

＊**大場理恵子**(おおば　りえこ)　東京農業大学・東京海洋大学・東京慈恵会医科大学非常勤講師
　　お茶の水女子大学大学院修士課程人文科学研究科日本言語文化専攻修了。1991年より日本語学校、イギリスでのビジネスマン対象などの日本語教育に従事。

2000年より現職。専門は日本語教育。キャリア教育と表現教育の融合、一般を対象とした文章力育成通信教育教材開発にも携わる。『ピアで学ぶ大学生・留学生の日本語コミュニケーション』(共著　ひつじ書房　2012)

石井一成(いしい　かずなり)　東京海洋大学海洋科学部非常勤講師
モナシュ大学大学院修士課程日本研究科日本語教育専攻修了。城西国際大学、東洋大学などを経て、現在は、受験小論文対策から企業向け社員研修まで、幅広く日本語コミュニケーションの研修に従事。「『小論文作成』授業へのフレキシブルラーニング環境作りの試み」『NIME研究報告』7(独立行政法人メディア教育開発センター　2005)

三宅和子(みやけ　かずこ)　東洋大学文学部教授
筑波大学大学院地域研究研究科修了。博士(文学)。1982年より英国で日本語教育に従事。筑波大学留学生センター、東洋大学短期大学を経て現職。専門は社会言語学、日本語学、日本語教育。近年は対人配慮、言語アイデンティティ、メディア言語が研究の中心。『アカデミック・ジャパニーズの挑戦』(共編著　ひつじ書房　2006)

茂住和世(もずみ　かずよ)　東京情報大学総合情報学部准教授
東京学芸大学大学院修士課程教育学研究科学校教育専攻国際教育講座修了。1986年より日本語教育に従事、日本語学校、フィリピン貿易研修センター等を経て、1996年より現職。専門は国際教育。「開発途上国における人造り協力の現状と課題」『国際理解教育論選集Ⅱ』(小林哲也・米田伸次編　創友社　1997)

加納なおみ(かのう　なおみ)　早稲田大学・津田塾大学非常勤講師
コロンビア大学ティーチャーズカレッジ大学院国際異文化国際教育開発学研究科博士課程修了。博士(教育学)。聖心インターナショナルスクール、シンガポール国立大学、東京海洋大学等を経て、2010年より現職。専門は日本語教育、バイリンガル教育、リテラシー教育。Japanese community schools: New pedagogy for a changing population. In *Bilingual community education and multilingualism: Beyond heritage languages in a global city*. (Multilingual Matters　2012)

岡本能里子(おかもと　のりこ)　東京国際大学国際関係学部教授(大学院兼担)
お茶の水女子大学大学院修士課程人文科学研究科教育学専攻修了。1987年より日本語教育に従事。東京国際大学留学生別科、教養学部を経て、2005年より現職。専門は日本語教育、社会言語学(談話分析)、メディア・リテラシー教育、日本語教員養成、開発教育としての日本語教育(大学院)。「未来を切り拓く社会実践としての日本語教育の可能性　メディア・リテラシー育成を通した学びの実践共同体をデザインする」『日本語教育のフロンティア　学習者主体と協働』(くろしお出版　2007)

大学の授業をデザインする
日本語表現能力を育む授業のアイデア

発行	2009年4月24日　初版1刷
	2013年9月12日　　2刷
定価	3800円+税
編者	©大島弥生・大場理恵子・岩田夏穂
発行者	松本 功
装丁者	上田真未
組版者	内山彰議（4 & 4, 2）
印刷製本所	三美印刷株式会社
発行所	株式会社 ひつじ書房
	〒112-0011 東京都文京区千石2-1-2 大和ビル2階
	Tel.03-5319-4916　Fax.03-5319-4917
	郵便振替 00120-8-142852
	toiawase@hituzi.co.jp　http://www.hituzi.co.jp

ISBN978-4-89476-386-9　C3080

造本には充分注意しておりますが、落丁・乱丁などがございましたら、小社かお買上げ書店にておとりかえいたします。ご意見、ご感想など、小社までお寄せ下されば幸いです。